3189
S

LA
MAGNIFIQVE
DOXOLOGIE DV
FESTV.

PAR

Me SEBASTIAN ROVLLIARD
de Melun, Aduocat en
PARLEMENT.

A PARIS,

Chez IEAN MILLOT, tenant sa boutique sur les
dégrez de la grand' salle du Palais.

CIƆ. ƆC. X.

AVEC PRIVILEGE DV ROY.

Arg. dict. Paris.

LA MAGNIFIQVE DOXOLOGIE DV FESTV.

Par Mc Sebastian Roulliard, de Melun, Aduocat en Parlement.

VAND le braue Capitaine de Lacedemone, Gylippus, arriua certain iour en Sicile, au secours de Syracuse, contre les Atheniens qui l'auoient assiegée: le seul aspect d'vn mesme persōnage, excita diuers mouuemens ez cœurs, & tira de differentes paroles des bouches, tant de ses amis que de ses ennemis.

Car ceux qui selon le dire de certain Diocles, prenoient indice de l'interieur, par la surface exterieure qui paroissoit en luy, se sentoient comme forcez & cōtraincts de l'auoir à mespris, auec son crin mal peigné, sa cappe & sa baguette.

Les autres au contraire repensans en eux-mesmes, que le couuercle exterieur de l'homme, estoit vn vrai Silene d'Alcibiade, qui souuent soubs vne Morisque de nature, & soubs l'affublement d'vn manteau de vil prix, couuroit de grands thresors, & des ioyaux deslite: se trouuerent du tout disposez à le recueillir & caresser auec honneur, respect & reuerence; comme s'imaginans d'apperceuoir en sa cappe & baguette, les marques du haut Empire de la ville de Sparte.

Or c'est sans doute la mesme antipathie, laquelle ie préuoi debuoir estre causee en l'esprit des lecteurs, des le premier coup d'œil qu'is ietteront sur le tiltre de ce liure.

Attendu que ceux qui par la vilité Dv Festv, qu'ils foulent à leurs pieds, vouldront faire pareil iugement de celui qu'ils tiendront en leurs mains: à peine de prim-abord se garderont ils d'en rire, & présuppposer qu'vn Aduocat ait esté plein de grand loisir pendant ces dernieres vacations, d'auoir *du Festu.* 5

daigné emploier quelques heures, sur
vn subiect si goffe & contemptible,

Non est ô superi! nõ est quid agatur apud vos.

Veu qu'à l'opposite, les ames plus can-
dides qui se representeront que le Soleil
ores qu'il paroisse fort petit à noz yeux,
ne laisse d'exceder de beaucoup les me-
sures de la terre : & que comme l'ordinaire exercice de la Diuinité au ciel, est
d'abbaiser les choses hautes, & esleuer
les basses : plusieurs autheurs celebres se
sont de mesmes esgayez en leurs styles:

Se donneront au moins la patience
sur cette nouuelle rencontre, de vouloir
voir que c'est : & puis que l'inuention
d'icelle ha eu la GAIETE pour mere, &
la GENTILLESSE pour obstetrice : y
prendrõt leur esbat par forme de passe-
temps. Non qu'ils en facent pareil re-
but que ce Carthaginois reuesche &
mal appris.

— qui numero tantum non robore mensus
Romanos : rapidus ibat ceu protinus omnes
Calcaturus equis.

Donc pour dõner plus de courage, &
accroistre le plaisir à ces derniers, vrays
mignons des Charites, à qui la bien-
ueillance & humanité , aura suggeré

A iij

cette affectueuse disposition vers ce petit ouurage : & à rebours contraindre les premiers, naturels Mizanthropes, à qui le simple frontispice d'iceluy aura ridé le front : de sacrifier promptement aux Muses & aux G R A C E S.

Ie coniure auant tout œuure & les vns & les autres, de ne croire à leurs yeux du mespris D v F e s t v : & soubs ombre qu'ils le voyent en pauure conche au dehors : n'en faire autre estime au dedans : ains se proposer pour premier axiome, qu'il n'y ha rien de si fallacieux, rien qui deçoiue tant, ou soit subiect à tant estre deceu que le sens naturel, & specialement que celuy de la veuë.

Philon le Iuif au liure de la Temulence de Noé, discourt cet argument auec vn recueil de plusieurs doctes raisons, & diuers exemples enrichis des doreures de sa copieuse & profonde eloquence. Adioustant que Iacob paissant les Aigneaux de Laban son beau-pere : nous est representé en l'Escriture saincte pour l'homme terrestre & animal, qui se laisse abuser par l'obiect des sens exterieurs.

Tertullian au liure de l'Ame retra-

çant les pas de cette mesme carriere;
dit que les Academiciens plus que nuls
autres de tous les Philosophes, ont condamné la faulse illusion des sens: de
mesmes Heraclite, Diocle, & Empe-
docle.

Car quelle tromperie de noz yeux, de
no' faire voir les cieux si bas, & les Astres
si petits? de nous faire veoir de loing le
bout d'vne gallerie si estroict, & de nous
faire sembler que l'auiron qui est en
l'eaue soit tortu ou rompu, bien que
droict & entier? *Itaque* (dit-il) *mendacium
visui obijcitur, quòd remos in aqua inflexos,
vel infractos adseuerat aduersus conscientiam
integritatis, quod turrem quadrangulatam de
longinquo rotundam persuadeat, quod æqua-
lissimam porticum, angustiorem in vltimo in-
famet, & quod cœlum tanta sublimitate sus-
pensum mari iungat, &c.*

A quoy se rapporte par correspon-
dance de preuue & de raison, ce qui est
discouru par les Philosophes Disarius &
Eustathius dans Macrobe, au septiesme
de ses Saturnales, chap. quatorziesme:
*quod videamus in doliolis vitreis aquæ plenis,
& oua globis maioribus: & iecuscula fibris tu-
midioribus: & belluas, spiris ingentioribus.*

Et bien qu'au paſſage pré-allegué, le dit Philoſophe Euſtathius ſemble auoir repris l'opiniõ d'Epicure, qui attribuoit cette illuſion du ſens de la veuë, au perpetuel decoulement des ſpectres & ſimulachres, qui vne fois ſortis des corps ſe venoient reflechir dans icelle, & luy faiſoient quelque eſpece de douleur, qui cauſoit ceſte barlüe ou vaine deceptiõ.

Si eſt-ce qu'au cas que la cauſe premiere n'en ſoit bien recongnue, l'effect s'en trouue certain, conſtant & arreſté. Ne fuſt ce que par cet enſeignement du Poëte Lucrèce, qui ha eſcrit ces vers conformement aux leçons de l'Epicure ſuſdit, à la Secte duquel il eſtoit addõné:

Præterea quoniã nequeunt ſine luce colores
Eſſe, neque in lucẽ exiſtunt primordia rerũ.
Scire licet, quàm ſint nullo velata colóre.
Qualis enim cæcis poterit color eſſe tenebris?
Lumine qui mutatur in ipſo, proptereà quod
Recta aut obliqua percuſſus luce refulget,
Pluma Cõlũbarũ, quo pacto in ſole videtur,
Quæ ſita ceruices circùm, collũque coronat?
Namque àliàs fit vti rubro ſit clara Pyropo:
Interdum fit vti quodam ſenſu videatur
Inter cœruleũ virides miſcere Smaragdos.

Caudáque

Caudáque pauonis larga cum luce repleta est,
Consimili mutat ratione obuersa colores.

Mais sans nous arrester aux choses ou
trop esloignéez de nostre veuë, ou de trop
difficile atteinte & comprehension. Pro-
posons nous comme noz yeux se trompent,
& sont trompez aux obiects iournaliers
proches & domestiques, & qui luy tombent
de si prés soubs le sens, qu'elles luy semblēt
ouuertes & palpables, & n'en fust-il d'autre
tesmoignage que de cette fameuse Genice
d'ærein:

Miraris quod fallo gregem ? gregis ipse magister
Inter pascentes me numerare solet.

Hé quoy le pauure Narcisse, qu'auoit-il
de si proche qu'il estoit à soy mesme, ou qui
le pouuoit mieux cognoistre que luy ? il se
trompe toutefois, & abusé d'vne vaine sem-
blance,   (*vmbra est,*
Spem sine corpore amat, corpus putat esse quod
Et quand à vous Nymphes marines,
quelle merueilleuse erreur pour l'œil qui
vous contemple?

——— *vobis Acheloides, vnde*
Pluma pedesque auium ? cum Virginis ora geratis?

Aussi telle illusion est d'autant plus ordinaire, que dommageable ez recoings se-
crets des mœurs & humeurs interieures de

B

l'homme: d'autant que le plus souuent son
front & son cœur s'accordent comme ces
forçaires, qui regardent vers la pouppe, &
neantmoins poussent tousiours la proüe
de leur nef en auant. *Similes fiunt Medicis di-*
soit Lactance, quorum tituli remedia habent, Py-
xides venena.

Et à ce propos Alexandre le grand souloit dire à ceux qui auoient de coustume de
luy haut loüer la simplicité d'Antipater,
que de vray il estoit blanc par dehors : mais
qu'on debuoit s'asseurer qu'il estoit tout
rouge comme pourpre au dedans.

Ainsi autrefois fut mocqué le Philosophe qui n'en auoit que la mine & la barbe:
ou cet autre dont parloit S. Hierosme, *intus*
Nero, foris Cato, totus ambiguus. Cause qu'il
admonestoit son bien-aymé Paulin, *non*
respicere ad phaleras, & vana nomina Catonum,
quod esset grandius esse Christianum quàm videri.

Bref ce fut vne extreme honte, & vn reproche ineuitable à Seneque de viure tout
d'autre façon qu'il ne philosophoit : & n'e-
stoit moins reprehensible celuy duquel
disoit Ausone,

Perspice ne mertis fallant te nomina, vel ne
    Aere Seplasiæ decipiare, caue.
Dum custon costonque putas communis odoris

Et Nardum, ac Sardas esse sapore pari.
Diuersa infelix & lambit & olfacit Eunus,
Dissimilem olfactum naris & oris habet.

Ce qui me remet en memoire le salubre
conseil que donnoit le Sage, de fuir ces
blandices plaisantes en apparence, mais
soubs l'appast desquelles gist le piege de
toute perdition. *Fili mi, ne intenderis fallaciæ*
mulieris, fauus enim distillans labia meretricis, &
nitidius oleo guttur eius, nouissima autem illius
amara, quasi absynthium, & lingua eius acuta
quasi gladius biceps. Ce que le Comique Gen-
til semble auoir pris de luy par emprunt, &
exprimé en ces termes non du tout dissem-
blables:

Quæ dū foris sūt mulieres, nihil videtur mūdius,
Nec mage cōpositum quicquā nec magis elegās,
Quæ cum amatore suo quom cœnant, liguriunt,
Harum vide ingluuiem, sordes, inopiam,
Quā inhonestæ solæ sint domi, atque auidæ cibi,
Quo pacto ex iure hesterno panem atrum vorēt,
Nosse omnia hæc salus est adolescentulis.

Et non seulement cette fallace dommageable se descoure soubs le masque
des biens exterieurs qu'appete le sens humain: ains aussi en ceux par lesquels l'aueugle fortune nous rend comme les esclaues
de la tyrannie, & les iouets de sa legereté.

Quisquam-ne regno gaudet? ô fallax bonum!
Quantum malorum fronte quam blanda tegis!

Oû pluſtoſt cet abus & impoſture ha
lie ı ar tout le cours de cette vie mortelle,
laquelle couurant ſes poignantes eſpines
de quelques fueilles de roſes caduques &
paſſageres, nous fait reſſentir l'Hyuer de
noſtre aage, au lieu ou nous penſions trouuer ſa douce prime-uere.

O vita fallax, abditos ſenſus geris!
Animiſque pulchram turpibus faciem induis,
Pudor impudentem cælat, audacem quies,
Pietas nefandum, vera fallaces probant,
Simulantque molles dura.

Apres donc auoir diſcouru à ſuffire,
que ce qui ha plus de luſtre en apparence,
n'eſt pas le plus ſouuët le meilleur à l'effect;
puis que Papyrius remonſtroit à ſes ſoldats
dans Tite liue, *Criſtas vulnera non facere, &*
per picta atque aurata Samnitum ſcuta tranſire
Romanorum Pilas.

Ie veux maintenant par vne antiſtrophe
contraire, & pour la plus grande exaltation
de la gloire DV FESTV, ramenteuoir aux
doctes, faire entendre aux ignorans, & aux
vns & aux autres prouuer par beaux exemples, que les choſes qui au dehors, paroiſſét
plus viles, chetiues, & abiectes, ſont au de-

dans & de qualité plus noble, & de vertu plus infigne, & de plus grande efficace: comme noftre intellect le peut recongnoiftre, fi penetrant l'efcorce exterieure, il creufe iufques à la mouelle de fi rares fecrets.

Efleue ta penfée difoit le Poëte Manile, & defcouure de la prunelle de ton efprit, ce qu'vn nuage obfcur cache aux yeux de ton corps;

Neu tua fub titulis fallantur pectora noctis,

Diſſimulant non oſtendunt mortalibus aſtra,

Altiùs eſt acies animi mittenda ſagacis,

Inque alio quærenda manet.

Icy bas void-on point les Princes de la terre couurir foubs vne figure humaine, les rayôs d'vne occulte diuinité? De fait qu'vn Poëte ha efcrit de l'Empereur Domitian, qu'encores qu'il diffimulaft fa grandeur par fois, & fe contrefift pour n'eftre recogneu:

————— tamen ore nitebit

Diſſimulatus honos, talem quoque barbarus hoſtis

hoſtis

Poſſet, & ignotæ conſpectum agnoſcere gętes.

Auffi Euripide auroit-il defcript le grand Hercule pour vn homme de peu de monftre, & de nul parement. Tels au cas pareil nous font reprefentez Cimon d'Athenes,

& Philopœmen, grand Prince d'Achaïe.
Et que voioit-on de plus contemptible en
apparence, que le visage du celebre So-
crate?

D'où Pline second semble auoir pris sub-
ject d'escrire bien à propos, *sicut in castris, ita*
in literis nostris plures esse cultu pagano, quos cin-
ctos & armatos, & quidem ardentissimo ingenio
diligentius scrutatus inuenies.

L'espreuue dequoy parut autresfois au
combat Lyrique, rapporté par Lucian,
d'entre Euangelus de Tarente, & Eumelus
d'Elide : le premier monta sur le Theatre
fort brauement vestu, mais joüa si mal, qu'il
ne seruit que de risee au peuple, l'autre au
contraire simplement habillé, sonna de sa
Lyre, auec tant de dexterité, qu'il en rem-
porta la victoire.

Ce qui fut peut estre le subiect pour lequel l'Empereur Alexandre Seuere osta
toute la piaffe de ses Soldats de monstre, &
OSTENSIONALES *illos milites superbè vestire*
noluit, dicens Imperium in virtute esse non in de-
core.

Tellement qu'à bon droict, Gryllus est
condamné par Plutarque, de ce qu'vne fois
en Candie ayant veu Vlysse magnifiquement accoustré d'vne robe precieuse, il ne

souhaita la perfection des vertus interieures de ce sage Gregeois, ains porta seulemét
enuie à la beauté de sa cotte susdite, delicat-
tement tissuë, & subtilement ouuree auec
maint artifice.

Que s'il m'est permis des choses profanes,
de conuertir mon discours aux sacrees:
quelle abondance de matiere ne me four-
nira sur ce subiect, l'humble naissance du
Souuerain Messie, reuestu du manteau
de postre chair infirme? & en laquelle il ha
souffert que son visage deuinst comme la
peau d'vn lepreux?

Sancta Dei pietas (disoit le Poëte Man-
tuan) *tenuem vestita figuram,*
Non pertæsa rudes animos, moribundáque
membra
Ferre, nec æstiuo graciles adspergere plantas
erubuit.

Aussi pour establir son regne spirituel, &
côfondre l'orgueil du terrien, il auroit choisi les choses en apparence les plus viles &
abiectes. S'estât à ceste fin serui de gens qui
sçauoient mieux ramer dans vne barque,
ou refaire vn rezeau deschiré, que desploier
les armes de l'Eloquence, & les attraicts de
persuasion. Bref quelle chose moindre à
l'exterieur que la matiere visible des Sa-

cremens? & cōbien là deſloubs de grands
myſteres voilez?

Aera per gelidum TENVIS *ſic ducitur axis,*
Libratúmque regit diuerſo cardine mundum.

Ie pēſe dōc auoir gaigné ces deux points
iuſqu'à huy, pour deſtruire toutes les vaines
apparēceş du meſpris DV FESTV, l'vn que ce
qui ha plus belle monſtre à l'exterieur, n'eſt
pas d'ordinaire le meilleur au dedans. Et
qu'à l'oppoſite pluſieurs choſes paroiſſent
ſur le couuercle, viles & contemptibles, qui
cachent au deſloubs des threſors & richeſ-
ſes de prix ineſtimable.

De maniere que comme autresfois à bon
droiɛt fut mocqué ce ſoldat de l'Empereur
Maximian, lequel au rapport de Marcellin,
ayant trouué parmy les deſpoüilles des ennemis, vn ſachet aſſez beau & precieux de
prime face, mais qui contenoit au dedans
des perles & chryſolithes d'vne extreme valeur, *proiectis imperitia gemmis, abijt ſolo pellis*
nitore contentus.

Ainſi au contraire eſt-ce acte d'vne rare
prudēce & diſcretion, encores qu'vne choſe ſemble chetiue à l'exterieur, de la ſçauoir
neantmoins priſer & eſtimer par les perfections interieures qu'elle enuelope au dedans : ne plus ne moins que Philippe de
Macedoine

Macedoine ayant contemplé l'armee Romaine reputee pour barbare : *admiratus est tamen & speciem & ordinem, & dixit, nulli ea castra posse Barbarorum videri.*

De vray l'experience iournaliere nous fait recognoistre, qu'vne infinité de petites creatures, abiectes & contemptibles sur la surface, contiennent dans soy de merueilleuses prerogatiues & singularitez, de maniere que le Poëte Manile ha eu iuste subiect de donner à l'homme cet aduertissement.

Ne contemne tuas quasi paruo in corpore vires :

Qnod valet immensum est, auri sic pondere parui,

Exuperant pretio numerosos æris aceruos.

Sic adamas (punctum lapidis) pretiosior auro est.

Paruula sic totum peruisit pupula cœlum.

Quoque vident oculi, minimum est, cùm maxima cernant:

Sic animi sedes tenui sub corde locata,

Per totum angusto regnat de limite corpus:

Materiæ ne quære modum, sed perspice vires,

Quas ratio non pondus habet.

Et de mesmes que Manile est entré en consideration de l'excellence interieure de l'homme, sans s'arrester aux phænomenes exterieures de son infirmité : ainsi Pline venant à parler des insectes, cóme des mouches, des abeilles, des fourmis & autres tels petits animaux, ha esté contrainct d'en admirer l'essence & la nature, voire de la preferer à la monstre effroyable des plus gros elephans.

Car és grands grands corps (dit-il) l'ouurier n'a pas beaucoup de peine à suiure l'estoffe & la matiere, *in his tam paruis atque tam nullis, quæ ratio, quanta vis, quam inextricabilis perfectio? vbi tot sensus collocauit in culice, & sunt alia dictu minora, sed vbi visum in eo prætendit? vbi gustatum applicauit, vbi odoratum inseruit? vbi verò truculentam illam, & portione maximam vocem ingenerauit? qua subtilitate pennas adnexuit? prælongauit pedum crura, disposuit ieiunam caueam vti aluum auidam sanguinis, & potissimum humani sitim accendit?*

Puis venant à parler des animaux, qui pour leur grandeur & grosseur semblent rauir à soy la veuë exterieure de l'homme : *Quid turrigeros (dit-il) elephantorum miramur humeros, taurorúmque colla, & truces in sublime iactus, tygrium rapinas. Leonum iubas? cṁ rerum natura, nusquam magis, quàm* IN MINIMIS *tota sit?*

S. Basile, S. Ambroise, & George Pisides en leurs liures de la Cosmourgie, ou
Opifice du monde, se sont pareillement ad-
donnez à magnifier l'incomparable perfection de Dieu en l'Architecture de ces petits ouurages, petits en apparence, & au dedans, pleins d'estranges merueilles. *Cur cœlum intueris agricola? cur sidera quæris rustice? ecce
tibi inter herbas tuas, spargo peculiares stellas.*

Ie ne parleray point de la vulgaire Eche-
neïde, ny de ceste bestiolette herissee,

*Quam licet exiguam, muro Natura tuetur:
Externam nec quærit opem: fert omnia secum.*

Que peut-on dire au monde de plus côtemptible que l'ord Escharbot ou sale Sca-
rabee? *illum tamen voluentem pilulas ideò Magi
colunt, quod dicant solaris operis similitudinem
huic inesse?*

De mesmes, encores que la hauteur des superbes pyramides, & la grosseur des anciês
Colosses, ait serui autrefois à faire admirer
tout ensemble l'insigne perfection des ou-
uriers, & la prodigieuse beauté de si rares
ouurages.

Si est-ce que d'autre part l'antiquité n'a
fait moindre estime de ces petites besoi-
gnes de Callicrate & Myrmecide, lesquels
ayans patronné leur ciseau sur le modelle

des moindres creatures qui foient en l'V-
niuers, s'eſtoient eſtudiez l'vn à faire vn
chariot fourny de roües & le chartier deſ-
fus, le tout couuert de l'aile d'vne mouche,
& l'autre à fabriquer des fourmis, dont les
pieds & autres membres eſtoient comme
inuiſibles.

Et ce que ces deux rares Sculpteurs ont
eſbauché du corps materiel auec pareil &
deſſein & ſuccez: les autheurs plus inſignes
l'ont fait de leur eſprit auſſi riche en inuentions, que de main adextre pour la plume:

　　　　　—— *gens ſidere dextro*
Edita, cui diuûm multa indulgentia fauit.

Car ils n'ont pas touſiours pris le cle-
ron en main pour entonner ou la guerre de
Troyes, ou le ſiege de Thebes touſiours
n'ont pas eu la ſphere au poing pour y ob-
ſeruer le cours du mouuement des Aſtres,
touſiours n'ont pas demené le fil & le com-
pas pour meſurer la terre, touſiours n'ont
pas eſcript des ſyllogiſmes de la Philoſo-
phie, touſiours n'ont pas eu des tables pour
y grauer des loix & ordonnances.

Ains ſe propoſans la varieté des œuures
de Dieu pour exemple, & comme ſa grandeur apparoiſt autant en la plus tendre her-
bette des campagnes, qu'en la plus haute

palme d'Idumée ou cedre du Liban : auſſi
ont-ils voulu tenter, ſi leur eſprit vray ſur-
geon de l'eſſence diuine, pouuoit autant
ſur de petits ſubiects, que ſur les plus ſu-
blims & releuez.

Tellement que ſur cette noble meditation, nous voyons l'incōparable Homere.

—— à quo ceu fonte perenni
Vatum pierijs ora rigantur aquis:

n'auoir penſé deſnigrer ſa reputation ny
raualer la gloire de ſon ſtyle, d'eſcrire la bataille des rongeardes cohortes, & des rai-
nes paluſtres. Le meſme ſe trouue auoir
pris ſon eſbat à chanter les louanges du
vin : & ſi nous croyons Horace, ça eſté auec
vne ſpeciale recommendation.

Laudibus arguitur vini vinoſus Homerus.

Cōme auſſi Muſee Poëte venerable pour
ſon antiquité, s'eſt pleu à magnifier les vertus de l'herbe Polion. Orphée & Heſiode
à compoſer des vers ſur les encenſemens
ou ſuffumigations ? Mais nos Poëtes mo-
dernes n'ont-ils pas autant affecté la couronne du laurier, par leurs leptologies, que
par les plus graues epodes de leurs œuures
poëtiques ?

Et quand aux Philoſophes, Medecins, &
Orateurs, quoy que naturellement deſti-

nez à faire profeſſion de toutes choſes hautes & ſerieuſes , ſi n'ont-ils eſtimé cette
areine indigne de leurs luictes. Car Pythagore ſe trouue auoir faict vn traicté des
bulbes ou eſchallotes. Democrite du nombre quaternaire, & du Chamæleon. Syneſe
de la louange de la chauueté, & Fauorin de
la fiebure quartaine.

Diocles ha eſcript le Panegyrique de la
raue, Chryſippe de la poirée, Phanias Phy-
ſicien la gloire de l'ourtie, Eraſiſtrate de
l'herbe de Lyſimaque, le Roy Iuba de celle
nommée Euphorbion, & le medecin Ice-
ſius de celle tenue pour anonyme.

Iſocrate & & Policrate ont donné pluſieurs eloges d'honneur au tyran Buſiris,
Glauco à l'iniuſtice, Plutarque ha redigé
par eſcript le Dialogue d'Vlyſſe & du
gorret Gryllus. Apulée ha vanté ſon aſne,
Lucian ſa mouche, Virgile ſon moucherõ,
& autres autrement, tous auec l'applaudiſ-
ſement & faueur du Theatre.

Moy ſoubs pareille eſperance, i'ay choiſi
pour mon lot, LE FESTV, l'ayant daigné
releuer de terre, puis qu'il n'ha receu iuſqu'à hui cete grace de perſonne. Et que De-
moſthene, peut eſtre n'ha oſé entreprendre
de le confire du miel de ſon Attique, ny

Ciceron, verser deffus ce qu'il auoit en main de fleurettes oratoires: pour ce que raifonnablement ils auroient recogneu l'importance & grandeur du fubiect : & qu'ils viuoient en vn fiecle, auquel vn filence valloit mieux qu'vn parler mediocre: ne plus ne moins que celle de laquelle Martial fouloit dire en fon temps.

Quàm fit lufca Philænis indecenter,
Vis dicam breuiter tibi Fabulle,
Effet cæca decentior Philænis.

Veu qu'au contraire i'ay faict hardiment cette haute entreprife, non pour ofer atteindre au fommet de leur gloire, ny pour me promettre d'afpirer aux moindres perfections de ces grands Orateurs: mais pour ce que i'ay peu manier cette efcrime auec moindre peril: eftant tombé en vn fiecle, auquel quãd ie ne porterois qu'vne lampe au poing, fi pourrois-ie paroiftre pour vn Soleil, pour vn Phœbus, ou Aftre refplendiffant fur l'horifon des peuples Cimmeriens.

N'eftant de merueilles, que fi du temps des Empereurs Valent & Valentinian, on vid fleurir les balais des maifons, en figne que les chofes viles & baffes feroient colloquées en haute dignité: La mefme aduen-

ture par reuolution de plusieurs années, se
soit rencõtree en ce siecle, & qu'on y voye
vn FESTV ramassé de terre, & despoüillé
de son chetif haillon, monter dessur le Pole
& luire au firmament :

Qualis vbi Oceani est renouatus Lucifer vnda,
Laudatur Veneri, & certat maioribus astris.

Donc apres auoir de premiere rencontre dissipé les ombrages qui pouuoient em-
pescher l'esclat de ce nouuel Astre, & le libre Orient de ses rayons sur ce nostre he-
misphere : & pour commencer maintenant
à me ietter au large sur cette vaste mer.

Ie sçay que c'est la coustume de ceux
qui ont entrepris le Paranymphe, le Panegyrique, ou Oraison de louange de quelque creature illustre & signalée, d'enrichir
leur exorde de son extraction : *vt quod in*
fructu non teneas, disoit Sainct Hierosme, *sal-*
tem mireris in trunco.

Car encores que selon Boëce toutes
choses creées ayent vn commun principe,
& que la natiuité soit esgalle à la vie, cõme
la destinée conduit tout à la mort.

Omne humanum genus in terris,
Simili surgit ab ortu.
Vnus enim rerum pater est,
Vnus cuncta ministrat.

Ille

Ille dedit Phœbo radios,
Dedit & cornua Lunæ.
Ille homines etiam terris
Dedit & sidera cœlo.
Hic clausit membris animos,
Celsa sede petitos.
Mortales igitur cunctos
Edit nobile germen.
Quid genus & proauos strepitis?
Si primordia vestra
Authoremque Deum spectes,
Nullus degener exstat.

Bien que cela soit, & parauenture plustost par vne rigueur stoique, que selon la pratique & vsance commune, qui ha sceu distinguer les genealogies des nobles & patrices, d'auec celles du Plebe & des gens de roture.

Si est-ce que quand il s'est remarqué quelque chose d'insigne à la generation & naissance d'aucun, outre le commun des autres creatures: cette remarque n'ha gueres volontiers esté oubliée, ains tousiours on en ha faict estat, quand il ha esté questió d'en publier les louanges de bouche, ou par escript.

Ainsi toutes les prefaces encomiastiques des hauts gestes d'Hercule, ont commencé

D

par le miracle des trois nuicts employéez à
ſa conception, comme ſi vne ſeule n'euſt
eſté ſuffiſante à produire le germe d'vn
fruict ſi admirable.

Nota eſt de geminis fabula noctibus,
Æther cùm tenuit ſidera longiùs:
Commiſitque vices Lucifer Heſpero,
Et ſoles vetuit Delia tardior.

Comme en outre les Poëtes n'auroient
omis à noter pour plus grande exaggera-
tiõ des prerogatiues qu'il eut à ſa naiſſance,
que ſa mere Alcmene l'engendra ſeulemẽt
au dixieſme mois, terme ordinaire de la ge-
neze des Dieux, ſelon Homere & autres:
veu qu'à l'oppoſite le ſecond iumeau naſ-
quit pluſtoſt, ſçauoir au ſeptieſme.

A l'eſgard des beſtes irraiſonnables, le
part Elephantin ha paſſé en prouerbe:& entant que touche les corps artificiels, on
n'ha omis pour la recommendation des pyramides d'Ægypte, que ſix cens mille hommes n'en auroient peu baſtir qu'vne en vn
an,& que pour les raues & oignons des ou-
uriers ſeulement, fut employé iuſqu'à dix-
huict cens talens, deſpenſe ineſtimable.

Mais qui fut de beaucoup excedée en la
ſtructure du temple de la Diane d'Epheſe,
lequel d'ailleurs ne pût eſtre paracheué par

toute l'Aſie trauaillant à l'ouurage, qu'en deux cens vingt anneez.

Somme que pour ne m'eſtendre dauantage ſur ce propos, auſſi riche en exemples que fecond en merueilles: ie me contenteray d'y adiouſter ce qu'eſcript vn autheur moderne en l'hiſtoire d'Eſcoſſe, qu'ez iſles Hebrides naiſſent certains oiſeaux d'vne buſche iettée en mer, laquelle s'y eſtant pourrie à la longue. premierement les produiſt en forme de vers, puis la teſte, les pieds, les ailes, & les plumes venans petit à petit à s'accroiſtre, ils deuiennent grands cõme des oyes ſauuages, & en fin prennent leur volée au ciel, cõme les autres oyſeaux.

Or au miracle de toutes ces longues & eſtranges naiſſances, ie penſe pouuoir en verité, & ſans l'enuie ou contredit d'aucun, rapporter celle de noſtre F e s t v: pour ce qu'il faut que l'ouurier Geoponique face eſtat de labourer & cultiuer par dix-huiⷭ mois la terre, auant qu'elle produiſe & face ſaillir au dehors ce petit tuiau, qui ſert à la longue à dorer la campagne, puis ſerré dans la grange, & le grain ietté hors, ſe termine en F e s t v: lequel auiourd'huy par ma plume prend ſon vol iuſqu'au ciel.

Scribuntque æthereis FESTVCAM *ſidera faſtu.*

Que si les Mexicains admirent leur Passereau Vicilin, vulgairemét par nous appellé l'oiseau de paradis, de ce que bien qu'il n'ait le cóps gueres plus gros qu'vn frelon, il est toutesfois nourry de miel, de rosee, & du suc des fleurettes, tant que la primeuere & l'Esté peut durer: puis au mois d'Octobre sentant la froidure s'approcher, s'attache de son bec au rameau d'vn arbre, iusqu'à l'Apuril prochain, auquel auec la douceur de l'air il reprend ses esprits, d'où il est appellé l'oiseau resuscité.

La mesme resurrection n'est moins admirable en ce petit tuiau, qui prenant sa racine d'vn grain de bled pourri dãs le sein de la terre: & apres estre demeuré long temps serré dans iceluy, & couuert de la fourrure des neges de l'Hyuer: par apres pour dóner vie à toutes creatures, reprend sa vie, & monstre sa verdure au Printemps:

Vere nouo: Gelidus canis quum montibus humor
Liquitur, & Zephyro putris se gleba resoluit.

Mais auant qu'en estre venu là, cóbien de iours & de mois, ha sué, ha trauaillé, & combien s'est peiné l'artisant Georgique? quantesfois retourné le soc de sa charrue? quantes iacheres? quantes binailles, combien d'autres façons: combien de fois auroit il consulté les astres & les estoilles?

Pleïadasque, Hyadasque, & robustum Oriona?

Quantes fois les pluies immodereez de la brume, luy ont-elles fait transsir le cœur, & pallir le visage? combien les vens impetueux l'ont-ils incommodé? combien trop de hasle, & trop de secheresse ? combien de vœux à Ceres, & combien de processions Ambaruales pour appaiser l'ire du Dieu Robigue, & le prier de pardonner à ce tuiau, à ce F E S T V naissant? & d'en esloigner les frimats, niesles & bruines?

Aussi toutes telles prieres ayans sorti effect, si tost que le vert-brun de ce tuiau, de ce chaume, ou F E S T V, commence à driller & poindre : lors il sert ia au laboureur de fortuné Prophete, & luy donne vn presage certain , que tous ses grands trauaux & toutes ses sueurs ne luy seront vaines ne inutiles, ains qu'il comblera heureusement ses granges, de la moisson par luy tant souhaitée.

Nec frustrà alterius magnum spectabit aceruŭ.

Ce pendant c'est chose merueilleuse, comme la prouidence de nature prenant vn extreme plaisir à l'esleuement de ce petit F E S T V, de ce petit tuiau, luy donne des entre-nœuds par interualle esgal, à fin de seruir d'appuy à sa foiblesse, & afin que venant de plus en plus à son adolescence, il ait de la force assez pour supporter droict cet espy doré: dont les grains sont autant de boules d'Ambrosie, & autant de thresors pour le viure des hommes.

Ciceron sans parler des autres autheurs de la vie rustique, entre ses releuéez conceptions sur ce noble subiect, ha tesmoigné par sa plume eloquente, comme cette contéplation l'auoit raui en esbahissemét: *Non me fructus modò, disoit-il, sed etiam ipsius terræ vis ac natura delectat, quæ cum gremio mollito ac subacto semen sparsum excepit, primum id occatum cohibet, ex quo occatio, quæ hoc efficit nominata est, deinde tepefactum vapore & complexu suo diffundit, & elicit herbescentem ex ea viriditatem, quæ nixa fibris stirpium sensim adolescit,* CVLMOQVE *erecta* GENICVLATO, *vaginis iam quasi pubescés includitur. E quibus cum emerserit, fundit frugem spicæ ordine structam, & contra auium minorum morsum, munitur vallo aristarum.*

Arriere donc l'orgueil de toutes ces Coulomnes Doriques, Toscanes, ou Corinthiennes, auec tous leurs areostyles, systyles, diastyles, stylobates, chapiteaux, architraues, frisures, canelures & autres ar-

tifices, esquels Vitruue ha eu tant de peine à
regler les diametres de l'esquierre & com-
pas: puis que le F ᴇ s ᴛ v, ha tout cela & plus
parfaictement, du simple ouurage de la nature:

Affectant alij quicquid fingique laborant:
Hoc donat Natura tibi.

Au reste si le Temple ou Palais du Soleil,
est magnifiquement rechanté par Ouide,
de ce qu'à son dire,

Regia Solis erat sublimibus altá columnis,
Clara micăte auro, flammasque imitante Pyropo:

Si le Diane t d'Ephese dont i'ay parlé tantost, ha esté entre ses singularitez reputé
merueilleux , de ce qu'il contenoit cent
vingt-sept coulomnes , toutes faictes aux
despens de diuers Rois, & trente-six d'i-
celles grauéez & cizeléez.

Bref si le siecle d'apres le Triumuirat
de Rome, ha faict extreme estat de la gallerie, construicte du mandement d'Auguste:
de ce qu'elle estoit soustenue d'autant de
pilliers & coulomnes, que dura du depuis
le temps de son Empire, comme s'il y eust
eu en cela quelque espece d'augure & diuination.

Combien au prix doit-on magnifier ce
Pycnostile de F ᴇ s ᴛ v s, ou Coulomnes

chaumieres si droictes, si polies, si bien ran-
géez & si bien compasséez : Coulomnes
qui portent nõ pas comme les Caryatides,
vne marque d'ignominie, ou peine de seruitude, ains ce riche froumẽt caché dans
ses logettes, sur lesquelles le Soleil fait alte,
& Zephyre se ioüe, leur laissant tousiours
le sommet releué.

Quales aëriæ liquentia flumina circum
Consurgunt geminæ Quercus, intonsáque cœlo
Attollunt capita, & sublimi vertice nutant.

Voires les Coulomnes tant exquises
& superbes soient elles, doibuent cela au
Festu ou tuiau froumentier, qu'elles tirent leur nom de luy: car le mot Latin de
Cvlmvs est dict quasi Colvmvs ou Co-
lvmnvs, pour ce qu'il sert de baze & de
Coulomne, aux espics qui portent dãs leur
chapiteau, nostre pain nourricier.

De sorte que tout ainsi que nous oyõs
d'oreille propice dans Homere, cet Eloge
d'Hector: qu'il estoit la Coulomne & soustien du pays, qu'il deffendoit la vie, l'honneur, & les biens d'vn chacun:

———— Ὅτι σφισιν ὅς τε γε πάτρην
ῥύετο, ἔχες δ' ἀλόχους κεδνὰς ᾗ νήπια τέκνα,

ou pour exprimer ces deux vers és termes
plus diffus du Tragique.

Tu COLVMEN *patriæ, mora fatorum,*
Tu præsidium Phrygibus fessis,
Tu murus eras, humerisque tuis
Stetit illa decem fulta per annos:
Tecum cecidit, summusque dies
Hectoris idem patriæque fuit.

Ou comme l'Alcesime de Plaute est fauorablement receu auec ce noble Eloge:

Eccum egreditur Senati COLVMEN,
præsidium populi.

ou ces aisnez appellez par Euripide φύλοι
ὄικων, ou ce grand Iusticier qualifié par
l'Epigramme Grec ἔρκ Βια δίκης.

Auec mesme applaudissement doit
estre ouïe la louange de ce CVLME, COV-
LOMNE, ou CHAVME froumentier, par
qui le gēre humain subsiste en son integrité,
& sans lequel il seroit encores miserable-
ment reduit aux glands de Chaönie: Bref
à l'exemple duquel, Culme, Chaume ou
Coulomne, les bons Oeconomes Rustiques, sont nommez COLVMELLES, pour ce
que leur appuy, leur fort & leur soustien,
donne la nourriture à toute la famille.

Chose anciennement reputée si saincte
& salutaire, que les Romains auoient de
coustume de faire à certains iours de l'an,
des sacrifices IOVI PISTORI, à Iupiter le

Boulanger, pource qu'en vne extreme famine du peuple, principalement lors du
siege du Capitole, il leur auoit selon qu'il
fut creu, donné des paignotes à suffire.

Esse Ceres visa est, iaciunt Cerealia dona,
  Iacta super galeas, longaque scuta sonant:
Posse fame vinci spes excidit: hoste repulso
Candida PISTORI *ponitur ara* IOVI.

Et pour occasion presque semblable, du
moins en memoire d'vne pauure vielle du
bourg de Bouuilles, qui lors de la fuite &
retraicte du peuple au mont Auentin, leur
cuisoit tous les iours des miches & fouaces
en leur besoin extreme: fut gardée cette ceremonie apres la paix conclue, de faire
tous les ans pareille dōée ou distribution.

Plebs vetus & nullis etiam tunc tuta Tribunis,
  Fugit, & in sacri vertice montis erat:
Iam quoque quem secum tulerat, defecerat illos
  Victus, & humanis vsibus apta Ceres.
Crta suburbanis quædam fuit Anna Bouillis,
  Pauper, sed multæ sedulitatis Anus.
Illa leui mitra canos incincta capillos,
  Fingebat trepida rustica liba manu,
Atque ita per populum fumantia mane solebat
  Dividere, hæc populo copia grata fuit:
Pace domi facta, signum posuere perenne:
  Quod sibi defectis illa ferebat opem.

Raconteray-ie icy à ce propos, ce qu'eſcript Philoſtrate? que tous les ans le Roy d'Ægypte iettoit vn boiſſeau d'or dans le Nil, afin que venant à eſpandre ſa graiſſe limonneuſe dans les proches ſillons, il leur fiſt produire abondance de bleds? Et pour meſme ſubiect ce fleuue eſt-il pas appellé CHRYSORRHOAS, ou qui decoule l'or? mais n'eſt-ce pas noſtre CVLME froumentier qui le porte?

A bon droict donc le Panegyrique de ſes louanges doit eſtre entendu auſſi benignement, que la nouuelle qui fut enuoyée ſelon Marcellin à Iulian l'Apoſtat: que l'on auoit retrouué en Ægypte le Dieu Apis, perdu par tant d'annéez : pource que ce recouurement eſtoit vn preſage d'vne fertilité prochainement future.

Certes ie n'oſe preſque croire ce que narre Zozime: pour ce qu'encores qu'il ait veſcu du temps de Conſtantin premier Empereur Chreſtien, toutefois il ſe monſtre auoir eu du tout le cœur au Paganiſme : tant y a qu'il eſcript qu'en vne grande famine, Iupiter fit pleuuoir du froment, & que le peuple l'ayant recueilly par pluſieurs iours, en prit ſon aliment.

E ij

Mais bien ſçay ie que les Epidauriens en vne diſette extreme, receurent l'oracle de la Deeſſe Pythie, qui leur cõmandoit de faire ſacrifices à la Deeſſe A v x e s i a, c'eſt à dire d'abondance & multiplication. Auſſi comme captant vn augure d'icelle, l'Architecte Dinocrates traça de paſte ou de farine, les lineamens de la ville d'Alexandrie.

Et le principal ſoing qu'ont eu les Aſtynomes, Agoranomes: ou intendans de la Police de villes, à eſté que le peuple n'euſt faute de ſitarcie ou prouiſion ſuffiſante de froument: *quum populus fame laboraret* dict S. Auguſtin, liu. 5. chap. 17. de la cité de Dieu: *præfectum annonæ primum creauit, Sp. Melium:* vn autre adiouſté pour recompence de ſa fourniture, *decretam et ſtatuam è ſtipe collatitia.*

Comme auſſi les antiquailles de Rome nous ont encores à meſme fin conſervé ce moniment, lequel la longueur de tant d'années n'a peu iuſqu'à huy effacer dans ſon marbre. *L. Valerio L. F. Fauentino duumvirali, qui* ANNONA FRVMENTARIA *empta plebem adiuuit, & ob alia merita eius, Collegia Calendarioru & Iduariorum ciui gratiſſimo poſuerunt.*

Dauantage entre les actes celebres dont principalement s'eſt glorifié l'Empereur Aurelian, il a mis celuy-cy des premiers en

vne Epiſtre *ad præfectum annonæ. Inter cætera*
quibus Dijs fauentibus Romanam rem curaſſet,
nihil ei eſſe magnificentius, quàm quod addita-
mento vnciæ, omne ANNONARVM VRBICARVM
genus iuuiſſet. ADDENS, POPVLO ROM, SATV-
RO NIHIL MELIVS.

Ce que deuant luy Iules Cæſar auoit bien
recogneu, lors du premier feu de la guerre
ciuile: d'autãt qu'il eut le principal ſoing de
ceſte prouiſion, pour s'acquerir la bienveil-
lance du peuple,

    Gnarus & irarum cauſas & ſumma fauoris
    ANNONÆ *momenta trahi.*

De meſmes que celuy en l'honneur duquel apres long interualle de ſiecles, à chãté
Claudian : que le peuple de l'Empire euſt
enduré vne lourde famine:

    Ni ſua vel ſoceri nunquam non prouida virtus,
    Auſtralem Arctois pẽaſſet frugibus annum.

Toutes leſquelles eſiouyſſances, ſoit pour
cauſe d'abondãce de froument, ou du ſoing
recommandable de ceux qui en auroient
touſiours fourny ample prouiſion : ne ſe
peuuent repreſenter à l'optique de mes
yeux, que ie ne ſois contrainct d'en rapporter la cauſe & origine à noſtre FESTV ou
Chaume froumẽtier, CVLMO VEL COLVMNO
NOSTRO, qui premier à ſouſtenu, à ſupporté

                         E iiij

à seruy de base & de Colomne à ces espics
dorez, tant requis & souhaitez de toutes
sortes de peuples.

Hé, ie vous prie pour tesmoignage de ce,
d'où pensez vous que soit venu ce mot latin
de CALAMITAS, ou le nostre François de
CALAMITE? Croyez-vous que ce soit pour
des Royaumes ou des Thresors perdus?
pour des villes saccagées, pour des estats
destruicts, pour des armees descôfires, pour
des morts de Princes & Princesses? ou autres telles afflictions publiques?

Non: ce n'est point tout cela: CALAMITAS
dicta est à CALAMIS TRITIS VEL CONFRACTIS;
ce qui aduient par gresle ou par tempeste:
Ce passage de Plaute entre autres y donne
grande lumiere,

   —— *Profectò herclè non fuit quicquã olerum,*
   Neque quicquid erat CALAMITAS *attigerat*
   vnquam.

C'est que nos premiers Peres faisans profession de l'agriculture en l'estat de leur pure innocence, & ne possedans ny or ny argent, ny autres tels instrumés des malheurs
suruenus du depuis: ne redoutoient ny ne
recognoissoient point d'autre plus grande
afflictiõ que celle-là, sçauoir qu'apres auoir
sué nuict & iour à cultiuer, semer, & embel-

lir la terre , & le tuyau ou festu du grain cō-
mançant ja & à poindre, & à croistre: vinst
vn grand orage, vinst vne tempeste pluuieu-
se, ou vne gresle empierree, qui tout en vn
coup bouleuersant ce FESTV ou TVYAV,
leur retranchast sur le pied l'espoir de toute
l'année.

Voila qu'elle est la vraye Etymologie de
ce mot de CALAMITE', par laquelle on peut
ressentir la grande vtilité, & consequemment la gloire inestimable du FESTV, puisque sa perte est capable de causer tant de
pleurs, tant de larmes, de soufpirs & regrets
au cœur des Laboureurs : & que du depuis
par metaphore, ce mot de CALAMITE' à esté
mis en vsage pour exprimer toutes sortes
d'extremes afflictions.

Mais sa naissance & deduction originaire
vient proprement A CALAMIS VEL CVL-
MIS TRITIS VEL CONFRACTIS; voicy cōme
Virgile la deplore par ces vers elegans,
Spicea iam cāpu cum messis inhorruit, & cum
Frumenta in viridi STIPVIA lactentia turget,
Sæpe ego cum flauis messorem induceret aruis
Agricola , & fragili iam stringeret hordea
CVLMO.
Omnia ventorum concurrere prælia vidi,
Quæ grauidam latè segetem ab radicibus imis,

sublimè expulsam eruerent, ita turbine nigro
Ferret hyems CVLMVMQVE *leuem,* STIPV-
LASQVE *volantes.*

Et Lucain parlant de l'enragée famine
suruenuë en l'armée de CÆSAR, d'escript
cette CALAMITE en vers aussi emphati-
qués, que la grauité de sa Poësie appro-
che beaucoup de celle de l'Autheur sus-
nommé,

———*nondum surgentibus altam*
In segetem CVLMIS, *cernit miserabile vulgus*
In petulum cecidisse cibos, & carpere dumos,
Et morsu spoliare nemus.

Quel tourment quelle misere? quelle
langueur, ou plustost quelle langoureuse
mort? & neantmoins si faut-il recongnoi-
stre qu'elle ne leur seroit venuë de la deffaicte de leur camp, ou d'vne perte de bataille, ains d'vne perte de FESTVS, à CALA-
MIS *contritis, ista calamitas.*

D'autant que seruans au grain de pillier,
de Coulomne & d'appuy, leur subuersion
apporte pareille CALAMITE que la mort
du chef d'vne armée, ou du Prince d'vn
Royaume, qui en estoit l'Atlas & le soustiē:
de mesmes que l'Empereur Antonin, PES
dictus est, quod Socerum ætate fessum manu sub-
leuaret.

Partant

Partant puis que selon le dire de sainct
Pol, *si primitiæ sunt sanctæ, sancta & conspersio,*
& si sancta radix, sancti & rami eius, au pis
aller l'honneur qui est donné au grain, doit
estre iustemét attribué au F E S T V, ou tuiau
qui l'ha produict, & conserué en estre: le
portant sur son col commeHercule le ciel:
& profitant d'autant plus par la portée de
ce riche fardeau, que sans son appuy & soustien, l'hôme periroit par la plus impitoia-
ble des morts, qu'Homere dict estre la famine.

Παντές μ͂ συγερϸι θάνατϸι δ᾽λοῖσι βροτοῖσι
ΛΙΜΩ δ᾽οἰκτιϸον θανέϸιν κ᾽ πόλμον ᾽ὀπὶϹϸᾶν.

Ie sçay que dés Philosophes contrefai-
sans les Scythes en paroles, & en effect estás
bourgeois d'Athenes : c'est à dire faisans
plus des brauaches en leurs escholes, qu'ils
ne môstroient à l'effect, quand la moindre
tempeste leur faisoit herisser le poil, & pallir le visage:ont voulu condamner ce disti-
que d'Homere, comme pretendans qu'il
contenoit vne faulse proposition, & qui
pouuoit effeminer le cœur des plus vail-
lans, mesmement és sieges de ville, ou autres tels actes d'importance.

Et ie vous en interpelle: quiconque soyez

F

vous, qui auec le Gelazin de Plaute, auez
porté la faim dix ans dans voſtre ventre,
aut qui per caram annonam nati eſtis, & qui depuis voſtre naiſſance ores & à preſent,

> *Duro corpora ſicciora cornu,*
> *Aut ſi quid magis aridum eſt, habetis,*
> *Sole, frigore, & eſuritione:*

ſi vous auez ſenty iamais plus grand mar-
tyre, ſi de plus faſcheux abois, & tranchées
plus ſanglantes: bref ſi iamais lôgues nuicts
vous ont plus ennuyé, que les grands iours
des feſtes Eſuriales, *fames & mora bilem in na-*
ſum conciunt.

   Auſſi delà ſont venues les plus dange-
reuſes ſeditions de Rome, ſoit du temps de
la Republique, ou de la Monarchie. En la
premiere: on ſçait que le Senat y ha prou-
ueu: en la ſeconde, l'Empereur Claudius
entre autres, *annonam valde curauit, in diribito-*
rio noct̃e dieque ſedit, ad compeſcẽdam ſeditionem,
populum etiam pecunijs fiſci publicè collatis ſibi
conciliauit.

   Et comme ſoubs le declin de l'Empire,
c'eſtoit le principal ſoing des Magiſtrats, de
donner ordre à cette prouiſion. Auſſi Ammian Marcellin baille de grands eloges
d'hôneur, à Maximus Prefectus de la ville

ÆTERNELLE, quod eo administrante, res ali-
mentaria abundasset , & querelæ plebis excitari
crebrò solitæ cessassent.

N'estant à omettre pour la recommendation de nostre Christianisme, le bel eloge qu'ha escript Sidonius Apollinaris en
l'honneur de l'Euesque Patient, lequel pendant certaine famine suruenue en Auuer-
gne, eut le soin d'eslargir & distribuer tant
de froument aux pauures, *vt sterilitas ad eius*
laudem videretur contulisse.

Dont resulte, que puis qu'il ny a monstre
plus horrible, ne visage plus hideux, que celuy de la Faim, telle qu'elle fut veuë d'vne
Nymphe Oreade.

Hirtus erat crinis, caua lumina, pallor in ore,
Labra incana situ, scabri rubigine dentes:
Atque cutis per quam spectari viscera possent.

Et qu'en outre ny a CALAMITE' plus
grande, que celle qui procede du fracas des
FESTVS, & tuiaux ou chaumes froumen-
tiers, qui portent sur leur teste l'espoir du
laboureur, & l'aliment de tout le genre humain: on ne peut assez hautement magnifier le FESTV, dont la verde croissance, &
conseruation apporte tant de bien.

—— *nec enim Cereremque Famemque*
Fata coire sinunt.

Tellement que si autrefois le bon heur
d'vn citoien sauué, ou d'vn mur premier
escalé, ou d'vn rempart rescoux, ou d'vne
nef enfoncée, auroit semblé digne d'vne
couronne de Chesne, d'herbe pure, d'vne
murale, d'vne castrense, d'vne nauale.

A meilleur droict doit estre venerée
celle, qui se fait à Ceres, despics & Festvs,
on chaumes entrelassez: Couronne, signal
de la conseruation de toutes les creatures,
couronne, indice de leur copieuse nourriture, couronne, symbole d'vne pleine abõ-
dance, & de laquelle il faut laisser plausiblement conceuoir ce vœu solennel au poëte
deuocieux:

Flaua Ceres: tibi sit nostro de FARRE corona
SPICEA, *quæ templi pendeat ante fores.*

Et de vray les chaumes & Festvs sont-ils
iustement employez à ce sainct ministere
& plein de pieté: puis qu'on les peut dire
estre la pieté mesme: en ce que si la terre
leur mere qui les ha produicts en abondãce, se trouue lasse & recreuë, ou comme
tendant à sterilité: ces pauures chaumes &
Festvs souffrent d'estre bruslez & consommez en cendre, afin que ceste cendre
la remette en vigueur, & luy rende sa premiere fertilité.

Sæpe etiam steriles incendere profuit agros,
Atque leuem STIPVLAM *crepitantibus vrere*
flammis:
Siue inde occultas vires , & pabula terræ
Pinguia concipiunt: siue illis omne per ignem,
Excoquitur vitium, atque exsudat inutilis hu-
mor,
Seu plures calor ille vias , & cæca relaxat
Spiramenta, nouas veniat quà succus in herbas.

Vantez donc tant qu'il vous plaira ces de-
terminez Nisibeans & Sagontins , qui se
ietterent dans le bucher ardent de leur patrie, pour ne luy point suruiure. Extollez la
perte de celuy qui retirant son pere des
flammes de Troye ardente,

Cum foret Æneæ ceruix subiecta parenti,
Dicitur ipsa viro flamma dedisse viam.

Magnifiez ces Codres , ces Buties, ces
Sperchies, qui se sont sacrifiez pour leur paternelle matrie, ou leur maternelle patrie,
auec la deuotiõ resolüe de ce braue Caton,
de qui la secte estoit d'embrasser la vertu,

Naturámque sequi, patriæque impendere vitam,
& qui d'vn zele incroyable s'escrioit à icelle:

——— *non ante reuellar:*
Exanimem quàm te complectar Roma, tuum-
que

Nomē, libertas, & inanem proſequar vmbrā.

Tout conſideré, ceſte affection leur eſt autant venuë d'vn deſir de vaine gloire, que
leur mort à eſté la plus part contrainte &
inutile : veu qu'à l'oppoſite, les pauures
chaumes & Feſtus , tenans encores par la
racine au giron de leur mere , ſouffrent de
r'entrer dans iceluy, non point par vn mal-
encontre Sagontin, ains par vne Philoſtor-
gie volontaire, & par vne Antipelargie gra-
uee, non point ſeulement ἐν τοῖς τῶν πελαρ-
γῶν κύρβεσιν, comme parle Ariſtophane, ains
auſſi τῶν χαρφῶν.

C'eſt bien au contraire de ces Geans, in-
grate engeance d'vne ſi bonne mere, & par
vengeance diuine ſuffoquez au fond de ſes
entrailles: à raiſon duquel trauail,

   Iniecta monſtris Terra dolet ſuis.

mais bien eſt elle reſtaurée en ſes forces, par
l'holocauſte de ces petits enfans , de ces petits F E S T V S, retenans la meſme pieté, que
ces Corybantes,

   ——*qui magnam armati matrem comitantur,*
   Aut quia ſignificant Diuam prædicere , vt
      armis,
   Ac virtute velint patriam defendere terram,
   Præſidio-ue parent decorique parentibus eſſe.

Et paraduenture qu'en confideration de ceste picté latente en ces petits Festvs, quand ce grand Pelican celeste, voulut prédre chair humaine en terre, pour y souffrir la mort & refpandre fon fang, afin de nous donner vne vie eternelle, il ne fit pas cet honneur aux tapis de Soye, aux linges de Damas, & tentures de Velours, que de faire repofer deffus, fon tendre corps fref- chement nay au monde : ains fur vne pe- tite lictiere de pailles & Festvs.

Ce qui a donné fubiect au Poëte de faire là deffus ceste exclamation, auffi releuee en ceftaze, que grand eft le triomphe de ceste humilité Diuine, par luy defcrite,

Sancte Puer, non te Pharijs operofa columnis
Atria, non variata phrygum velamina textu
Excepere, iaces nullo fpectabilis auro,
Anguftum fed vix ftabulū, male cōmoda fedes,
Et fragiles CALAMI, *lectæque paludibus herbæ,*
Fortuitum dant ecce thorum: laqueata Tyrannos
Tecta, & regifico capiant aulæa paratu.
Te Pater æterno fuperûm ditauit honore,
Illuftrans, tibi fiderei domus aurea cœli
Plaudit, inexftinctofque parat Natura triūphos,
Et tamen hāc SEDEM *reges, hæc vndique magni*
Antra petent populi, longè quos cærula Calpe

Littore ab occiduo, nigrisque impellet ab Indis,
Sol Oriēs, quos & Boreas, & feruidus Auster,
Diuerso inter se certantes cardine mittent.
Tu Pastor, tu dispersas reuocare per agros
Missus oues late, pectusque offerre periclis.
PRODIGVS *ab nimium Vitæ, per tela, per*
    Hostes,
Obscurum nemus irrumpens, rapida ora luporū
Compesces, saturumque gregē sub tecta reduces.

Voila quelle ha esté la pieuse meditation de ce Poëte excellent sur ceste Cre-
che de pailles & FESTVS. Aussi cet honneur leur seroit-il demeuré perpetuel, que
comme le pain prouenu de l'espy sert au
Sainct sacrifice de la Messe, pour representer l'eternelle memoire de ce corps glorieux, ainsi auec le FEST v ou Chalumeau,
est sucé le sang beny dans le calice, par le
Pere & chef souuerain de l'Eglise Chre-
stienne.

Pour l'esclarcissemēt dequoy, conuient
entendre, qu'au Pseaume septante & vn selon les Latins, & septante deux selon les
Hebreux, au verset dixseptiesme, ou nous
lisons selon la version vulgaire, *& erit fir-*
mamentum in terra, in summis montium: suy-
uant la traduction des septante interpretes,

ēgui

ἔςαι ςηθαλμα ἐν τῇ γῇ, ἐπ' ἄκρων τῶν ὀρέων,
l'Hebreu porte *VAIEHIPESEL*, qui
est à dire, ERIT FRVMENTVM *in summis mon-*
tium.

Et plus clairement Rabi Ionathan, Para-
phraste Chaldee, l'à interpreté par ces mots
semblables en substance, ERIT PLACENTA
TRITICI IN CAPITIBVS SACERDOTVM. C'est
que tất luy, que les vieux Rabins, Salomon,
& Mose Haddarsan, ont dict que ce verset
estoit vne prophetie, du Sainct sacrifice du
vray Melchisedech, sçauoir du Messie incar-
né: lequel en forme de pain de froument, ou
de petit tourteau, seroit esleué sur les testes
des Prebstres, qui sont appellez figurément
montagnes, en plusieurs passages de l'escri-
pture saincte,

Venant à noter sur ce poinct, que ça esté
vne ceremonie de tout temps obseruee, specialement par les Orientaux, d'esleuer par
dessus leurs testes, le present qu'ils faisoient
à plus grand qu'eux, par forme de plus grã-
de reuerence, humilité & submission. Ioinct
que la tradition des Hebreux, porte: qu'au
conuiue qui se celebroit pour la saueté
d'Isaac prest à sacrifier, le Pere de famille es-
leuoit premierement le tourteau, puis le
calice sur sa teste.

G

Voires dans la Chartre de noftre grand Charlemagne, expediee dans l'Abbaye S. Denis, l'an 817. & des plus memorables de noftre antiquité Gauloife: nous trouuons qu'offrant par luy fa Couronne à ce glorieux Apoftre des François, comme le recognoiffant fon Seigneur & Patron tutelaire: il efleua de fes mains fa Couronne par deffus fa tefte, en apres pour les droicts & deuoirs de fon hommage, luy fit prefent de quatre bezans d'or, lefquels pareillement il fit toucher au fommet de fon chef, puis adioufta ces mots contenus en la Chartre. *Obfecro, atque obteftor omnes fucceffores noftros Reges, vt annuatim fimile faciant:* ET IN OBLATIONE SVBMITTENDO AC TANGENDO CAPITA, *illos quatuor prædictos Byzantios offerant.*

Voila donc pour ce qui concerne l'eleuation du froument, *aut placentæ triticeæ fuper capita Montium:* Les feptante au lieu de FRVMENTVM, ont traduict FIRMAMENTVM, *quafi firmum & folidum cibum,* comme eft fans doute le corps de noftre Sauueur.

Pour venir maintenant au FESTV ou chalumeau d'or: ceux qui ont leu le Pontifical & Ritual de Rome, fçauent que noftre S. Pere officiant à la Saincte Meffe, ez feftes annuelles & solennelles, ne boit pas à mesmes le calice, le sang de nostre Seigneur, ains le suce auec vn chalumeau d'or, par prerogatiue aux Prebstres inferieurs.

Beatus Rhenanus en son commentaire sur le liure de la Couronne du Soldat, œuure de Tertullian:rapporte que dans vn inuentaire des vaisseaux sacrez de l'Eglise Archiepiscopale de Magence, escript y auoit plus de quatre cens ans, estoit faicte mention apres les platines & calices, de certains tuyaux, festus, ou fistules d'argent doré, iusqu'au nõbre de six, desquels l'Archeuesque celebrant la Messe, se seruoit à cet Auguste vsage.

I'adiousteray que les Religieux, Abbé, & Conuent de S. Denis en France, ont ce priuilege des SS. Peres, qui ont plusieurs fois residé & celebré la saincte Liturgie, en l'Eglise dudit lieu ; qu'ez festes annuelles & solennelles, le Religieux qui chate la Messe au maistre Autel, suce le sang de nostre Seigneur dans le calice, auec ledit chalumeau d'or, puis le Diacre & Soubs-diacre qui l'assistent, vont sucer le reste au recoin de l'Autel, auec mesme tuyau, selon ladicte ceremonie Romaine.

Et encores ont-ils ceste coustume quand

on verse le vin dans le calice pour la conse-
cration, qu'ils le reçoyuent auec vne cueil-
ler d'or, qui a de petits pertuits, afin que si
d'aduenture y a quelque brindille dans le
vin ou dans l'eaue, elle demeure dans iceux,
& qu'il ne passe rien que de pur & net, pour
la confection de ce grand Sacrement, qui
est mesmes veneré par les Anges.

Tellement que soit que le FESTV ou chalumeau susdict ait seruy en son espece, au
temps de la persecution & simplicité de
l'Eglise primitiue: ou qu'il ait tousiours esté
de metal precieux: tant y a qu'à bon droict
peut il estre preferé a tous les grands vaisseaux du Temple de Salomon, d'autant
qu'ils n'estoient faicts que pour receuoir le
sang des bestes irraisonnables.

Veu qu'au côtraire, ce petit Chalumeau,
ha l'honneur de toucher à ce sang du sacré
Theanthrope, lequel selô S. Cyprian, *totum
effudit Spiritum, vt nos respiraremus, quicquid
erat humoris aquei reliquum expressit, vt nos
ablueremur, quicquid resederat in carne sanguinis
emisit, vt nos confirmaremur.*

Et au mesme propos le Poëte Sedulius
auroit auec beaucoup d'emphase en ces
beaux vers, rechanté ces mysteres:

Hæc sunt quippe sacræ pro religionis honore

Corpus, sanguis, aqua, tria vitæ munera nostræ,
Fonte renascẽtes, membris & sanguine Christi
Vescimur, atque ideo tẽplum deitatis habemur.

Or si la PIETE, la plus excellente Vierge, qui ait iamais estably son repaire au cœur des gens de bien, ne desdaigne de se seruir du FESTV ou Chalumeau en son plus deuot & diuin sacrifice: LA IVSTICE sœur iumelle de ladite Pieté, ne le rebute pas, & i'ose dire qu'elle porte en main le FESTV pour sceptre de son Empire: mais sceptre de beaucoup plus insigne vertu, que cette Lance donnée par Mars à la Nymphe Syluie, pour en faire son fort: ny que cette espée adorée par les Scythes, ny que ce bouclier duquel le brauache soldat souloit dire dans Plaute:

Facite vt Clypeus ipso sole magis splendeat,
Vt vbi vsus venerit, contra consertà manu
Oculorum præstringat aciem in acie hostibus.

La puissance donc & force de ce sceptre de Iustice, consiste en ce que, si elle veut inuestir quelqu'vn d'vne possessiõ, qui puisse demeurer ferme à l'acquereur, & passer à ses hoirs, si c'est fief noble elle le faict *per annulum & virgam*, par rain & par baston: si c'est bien roturier, elle baille son inuestiture en liurant vn FESTV.

Si elle decrete vn heritage, decret qui
eſt la plus aſſeurée forme d'acquiſition, que
toutes les loix ayent ſceu inuenter: qui fait
vne eſpece de Siſachtie, qui leue toutes
charges, purge toutes hypotheques, milite
contre maieurs, contre mineurs, priuilegez
& non priuilegez. L'aſſeurance qu'en dône
cette Iᵥꜱᴛɪᴄᴇ, n'eſt que par la tradition
d'vn Fᴇꜱᴛᵥ, à celuy auquel elle faict l'e-
ſtrouſſe: Tʀᴀᴅɪᴛɪᴏɴᴇ Cᴀʟᴀᴍɪ. Gui
Pape l'ha ainſi remarqué en ſa queſtion
vingt-deuxieſme,

Que ſi l'acquereur mis ainſi en poſſeſ-
ſion par la deliurance d'un Fᴇꜱᴛᵥ, par apres
y ſouffre quelque trouble: cette force eſt
incontinent repouſſée par le remede de la
Cᴏᴍᴘʟᴀɪɴᴛᴇ Pᴏꜱꜱᴇꜱꜱᴏɪʀᴇ, lequel
luy eſt incontinant fourny par la meſme
Iuſtice, & ce procés eſtoit appellé des anciens Iᵥᴅɪᴄɪᵥᴍ Fᴇꜱᴛᵥᴄᴀʀɪᵥᴍ, ᴄᴏɴᴛʀᴀ
ᴠɪᴍ ꜰᴇꜱᴛᵥᴄᴀʀɪᴀᴍ, dans Aulugelle,
liure vingtieſme, chapitre neufieſme.

Ce ſont les trois marques plus ſignaléez
de la haute & puiſſante preture de Iuſtice,
Dᴀɴᴅᴏ, ᴅɪᴄᴇɴᴅᴏ, ᴀᴅᴅɪᴄᴇɴᴅᴏ,
& eſquelles elle ſe demôſtre la vraye Royne
des hommes, ou telle que la deſcript Pindare, preſte à eſtablir le bien d'vn chacun,

& en repouffer tout violent outrage.

Βάθρον πολίων, ἀσφαλὴν δ'κεν,
E'θέλq δ' ἀλεξεῖν ὕβειν, κόρου
Μα τέραν θεαζ̈ύμυθον.

La fingularité donc de ces trois rencon̄-
tres,& lefquelles tout expres i'ay accumu-
léez enfemble, à caufe de leur alliance &
conionction :inuite mon efprit, & excite
ma plume à s'eftendre deffus, vn peu plus
amplemēt: Confideré que de ce chāp ainfi
eftendu, pourront naiftre des fruicts , &
beaux à voir, & fauoureux au gouft, qui au-
trément pourroient demeurer cachez &
inutiles.

———————*licet omnia vates*
In maius celebrata ferant , ipfamque fecandis
Arctois trabibus iactent fudaffe Minernam,
Plurima quinetiam varijs miracula monftris
Ingeminent, teneras vincturi carmine mentes:
Nil iftis æquale dabunt.

De forte que pour commencer par l'in-
ueftiture& enfaifinement, qui fe faict par le
Fᴇꜱᴛᴠ:delà font venus les mots de Iɴ-
ꜰᴇꜱᴛᴠᴄᴀʀᴇ ᴇᴛ ᴇxꜰᴇꜱᴛᴠᴄᴀʀᴇ, comme
en cefte loy municipale de Malines: *Omnia*
feuda conftante matrimonio quæfita, fi nulli liberi
exftent, ad mariti heredes veniāt, qui folenni mo-

re INFESTVCATIONIS DOMINICÆ *ad poſſeſ-*
ſionem miſſus eſt.

Auquel endroit INFESTVCATIO eſt
pris pour enſaiſinement, & àl'oppoſite EX-
FESTVCATIO pour deueſt & deſſaiſine,
dans Sigibert en ſa Chronique de l'an 1123.
& danz Othon de Friſinghen Chronique
17. chapitre trente-quatrieſme.

Entre noz couſtumes, celle de Laon en
Vermandois eſt notable à ce propos, article cent vingt-ſixieſme. Pour acquerir
(dict-elle) droict de ſeigneurie & proprieté,
en aucun heritage és limites de la preuoſté
foraine dudit lieu, eſt requis que le vĕdeur
ou Procureur pour luy ſuffiſammĕt fondé,
ſe deueſte és mains de la Iuſtice fonciere,
ſoubs laquelle eſt ledit heritage acquis, au
profit de l'achepteur, & qu'iceluy achepteur en ſoit veſtu & ſaiſi de faict. Et ſe faict
communement ladicte veſture, par tradition d'vn petit baſtõ ou BVCHETTE, c'eſt
noſtre Chaume ou FESTV.

La couſtume de Rheims dict le ſemblable en l'article 165. Solle tiltre 10. article 4. appelle cette ceremonie LIVREMENT
DE FVST ET DE TERRE. Hainault: priſe
d'herbe ou vuaſon, *id eſt*, gazon. Et par le
Pape

Pape Innocent 3. elle est nommée par vn
mot non vulgaire S c o t a t i o, au chapitre second *extra de consuetudine.*

Et ie m'asseure que tout homme qui en-
tendra l'efficace de la deliurance du Festv,
se sentira extremement obligé à iceluy,
quand il sçaura qu'ayant par luy accomply
cette ceremonie, si son vendeur variable &
de mauuaise foy, reuend l'heritage à vn autre depuis luy, le premier emportera ladite
possession, pour luy auoir esté premier deliuré le Festv, qui est la grand question
de la loy, *quædam ff. de rei vindic.* & autres
textes vulgaires.

Dauantage pour passer maintenant à
l'estrousse des Decrets, laquelle est faicte
par la Iustice, T r a d i t i o n e c a l a m p.
on peut recognoistre l'excellence & vtilité de ce Festv, en ce que Caton le Senieur
ne faisoit principalemét estat d'acquisition
d'heritages, sinon de ceux ausquels par maniere de dire, le Iupiter Fulminant,

——— *tremendo*
Iupiter ipse ruens tumultu,
ne peut porter nuisance ne dommage.

Tels disoit-il estre les lacs & estangs, les
baings naturels d'eau chaude, les places
appropriez pour le mestier des foulons,

H

les places où il y auoit force pasturages, &
nombre de bois taillis, & à la suite de ce
grãd pere de famille, Ciceron semble auoir
dit au dernier paradoxe, *à callidis rerum æsti-*
matoribus, prata & areas quasdam, magno æstima-
ri, quod ei possessionum generi minimè quasi no-
ceri potest.

Or de vray parauenture le decret de
Iustice, ne peut pas diuertir ces euenemens
sinistres, qui dependent du iöuet de fortune:

> *Non incendia, non graues ruinas,*
> *Non casus alios periculorum:*

aucontraire on peut dire que ce symbole
du F E S T V, semble à demontrer la fragilité
de ces biens tant appetez des hommes, lesquels pour cette cause se peuuẽt à bõ droict
comparer aux Chariots de ces Nomades,
qui nec idem perferunt diutius cœlum, & quibus
tractus vnius soli, nunquam diu placet.

Tellement que la fortune n'est pas assise
sur vne boule, de mesmes que Milon Cro-
toniate, ce redouté luicteur, qui vouloit par
là demonstrer sa force & fermeté, puis qu'il
ne craignoit que personne l'en peust mou-
uoir ne debuter. A l'opposite c'est pour si-
gnifier la foiblesse & changement de l'autre. *Quidni fateare*, s'escrioit Boëce, *cum eam*

cottidie valentior aliquis eripiat inuito? Vnde
enim forenses querimoniæ, nisi quod vi vel fraude
à nolentibus res repetuntur ereptæ?

Mais encore vn coup, comme ha ja esté
dict, si tels euenemens de fortune, ne sont
subiects à garentie : si est-ce qu'on peut
dire, que la Iustice *quæ res addictas,* CATAMO
tradit (pour ce que selon le dire de Macrobe
illa ipsa, VIRGO *spicifera creditur*) donne af-
seurance de cette acquisition, entant qu'il
n'y ha rien de plus asseuré disoit Solon, que
ce qui est acquis par moyen legitime, & ce-
luy-là de plus.

    Nec tibi malueris totum quæcunque per orbem
    Fortis arat valido rusticus arua boue.

Car tout ainsi qu'Eumenes ayant ven-
du les terres des ennemis à ses Capitaines, &
soldats, pour appaiser leur murmure & tu-
multe: ne se contenta pas de cette vendi-
tion, ains leur donna aussi ses engins de ba-
terie, pour leur ayder à se mettre & maintenir en la possession des choses à eux ven-
duës.

Pareil secours donne ladite Iustice à
ceux qui reçoiuent de sa main, le FESTV de
son adiudication, contre tous priuileges,
contre toutes charges & toutes hypotheques : quelques coustumes mesmes l'ont

garentie de l'euiction du retraict lignager,
à fin qu'il se presente des gens plus hardis
aux encheres.

Et lors c'est le plaisir de pouuoir dire
auec Plaute,

——— iusta causa est vt seruem sedulò,
Quod grandi mercatus sum præsente pecunia.

d'autant que la validité de l'acquisition
donne cette asseurance; *illa enim sunt robu-*
sta, disoit Cassiodore, illa diuturna, quæ pru-
dentia incipit, & cura custodit. Atque ideò non
minor in conseruandis rebus, quam in inueniendis
cautela adhiberi solet, quia de inuentu prædicatio
debetur inuentori, de custoditis autem acquiritur
laudata perfectio.

Que s'il y suruient quelque trouble exterieur, peut estre ne le doit on trouuer estra-
ge côtre l'ensaisinemêt ou inuestiture faite
par vn FEST V, puisqu'au rapport de Plutarque, il y eut autrefois du debat entre les
Andriens & Chalcidiens, pour la prise de
possession de la ville d'Achante qu'auoit
faicte l'vn des Andriens, par le fer de sa
HASTE ou IAVELINE. Et d'ou peut
estre venue la forme de l'inuestiture, qui se
fait par HASTAM aut VEXILLVM.

Mais si tost que la Iustice entêd la plainte
de ce trouble, sur quelque possession, elle
s'escrie à l'instant.

Arte mea capta est, arte tenenda mea est,
& de la mesme façon que Pansa & Hircius
conseilloient à Cæsar, de maintenir par les
armes, l'Empire qu'il s'estoit acquis par le
moyen des armes. Ainsi la Iustice maintiét
par vn Festv, la possessió qu'elle ha liurée
par vn Festv, *& aduersus vim* Festvcariam,
decernit Festvcarivm Ivdicivm.

C'est ce que nous appellons Complainte possessoire, *nam vt ex iure ciuili* Svr-
cvlo deffringendo (voila nostre Festv)
vsurpari videtur possessio, disoit vn celebre
Orateur dans Ciceron, *ita iure & iudicio, vel*
recuperatur, vel retinetur causa possessionis.

Les liures de ce maistre d'Eloquence, &
ceux de nos Iurisconsultes, expliquent au
long la formule, & descouurent les merites,
de ce noble Interdict, & puisque c'est
chose vulgaire, ie diray seulement par vne
parodie contrefaicte sur ce passage de Ciceron (*vrbanitatis possessioné amabo quibusuis*
interdictis defendantur) Brevitatis posses-
sionem amabo liceat hoc interdicto
defendere.

N'estant toutesfois hors de propos de
faire entendre, que Iehan Fabre insigne
praticien de France, qui viuoit du temps de
Philippe de Valois, ha escript que la com-

plainte fufdicte, eftoit la plus ordinaire pratique de ce pays. Et par là fe trompent ceux qui en attribuent la premiere introduction à Meffire Simon de Bucy, premier Prefident de noftre Cour, foubs Charles fixiefme: fi ce n'eft qu'ils entendent parler de la fimple faifine.

Car quand à la complainte, elle eftoit en vfage long temps auparauant, n'en fuft il d'autre refmoignage, que par cefte ordonnance de l'an 1277. *Ne querelæ de nous deffaifinis veniant in Parlamentum, fed Bailliuus, in Bailliuia fua adeat locum debati, & ftatim faciat re-faifiri locum.*

Tellement que puifque ladite complainte eft la plus ordinaire & meilleure pratique: on voit à l'œil, l'obligation que tous les praticiens ont au Feftu: & que tel Sergent, tel Procureur, tel Aduocat, tel Confeiller, tel Prefident, foule le F E S T V aux pieds, qui ne fçait pas, l'vn combien luy vient d'argent de fes exploicts, l'vn de fes requeftes & appoinctemens, l'autre de fes efcriptures, & le Iuge combien luy vient defpices E X FESTVCARIO IVDICIO.

Caufe que fi les Ægyptiens adoroient le Bœuf Apis, pource qu'ils croyoient qu'il leur apportoit abondance de bled : Si les

Scythes veneroient leur espee, par laquelle
ils se disoient acquerir leurs victoires. Et si
le geant Polypheme reueroit le flascon, duquel il se vantoit traire de si bon vin: A tout
le moins le FESTV qui fait si bien mouldre
le moulin de Madame Practique, merite-
roit-il point d'estre leué de terre ?

Car ores qu'en apparence ce soit chose
abiecte & contemptible, si est-ce que la Iustice, que la Deesse Astree, *Virgo illa* SPICI-
FIRA, VIRGO CALAMIFERA, à choisi ce
Sceptre par expres, pour tesmoigner sa force & sa puissance, *elegit infimum illud, vt fortia
confunderet.*

N'ayant par elle besoin de faire le mesme
vœu, que le braue Iphicrates , lequel vou-
lant donner la bataille aux barbares, desira
qu'ils sceussent que c'estoit luy, & entendis-
sent son nom, dont le seul bruit les pouuoit
mettre en fuite.

Au contraire toutes Nations tant Poli-
cees, qu'agrestes & barbares, sçauent celuy
de Iustice, le craignent & respectent,
——— *Hoc solus ab ortu,*
Solis ad occasum vtraque terra timet:
bien qu'elle leur imprime ceste crainte &
reuerence, non par rigueur & effort tyran-

nique ; mais par la feule Maiefté, emprainté
fur fon front gracieux.

———*fic fe teftatur & offert*
Celfa poteftatis fpecies, non voce feroci,
Non alto fimulata gradu, non improba geftu.

Vne fois felon que racontent les Poëtes,
Pallas ayant trouué Venus à l'efcart : pour
fe venger de la fentence de Paris , la voulut
prouoquer en duel , & luy dit, qu'elle s'ar-
maft. Venus tout à l'inftant, auec vn gracieux foubs-ris, que ne feray-ie (dit-elle)
eftant armee ?

Quæ quote vici tempore, N V D A F V I?

Le mefme de la Iuftice : à quel propos fe-
roit-elle garnie de corcelets , de morions,
d'efpees, & autres fortes d'armeures : puifque le F E S T V qu'elle porte au poing , fert
de tefmoignage , que du feul branfle de
fes fourcils, elle reduit tout le monde foubs
fon obeiffance ?

Quod leo tam tenui patitur fub arüdine lethum,
Non vires ferri, fed ferientis agunt.

D'autant que cete force s'infinuë volõtai-
rement dãs les cœurs lefquels à tout le refte
indociles & reuefches, fe captiuent neantmoins de bon gré la deffoubs, & donnent
à cefte puiffante Vierge, plus de fubiect de
fe van-

se vanter, qu'au guerrier Alaric : que tout
auroit redouté son Empire, que soubs ses
pieds les montagnes se seroient applanies,
& les fleuues taris.

Si gentes cuperet vulgo monstrare subactas,
Certarent vtroque pares à cardine Lauros.

On dit bien qu'autresfois Pallas ayant
veu les Lemniennes s'armer, elle s'en prit à
rire. D'autre part on a rechāté les exploicts
belliqueux des Amazones, la valeur d'vne
Penthesilee, d'vne Camille & d'autres, qui
ont au temps iadis, donné motif à ce hon-
teux reproche :

Quæ tanta animis ignauia vênit?
FOEMINA palantes agit, atque hæc agmina
venit?

Mais iamais telle plainte de nostre Vierge
Astree : les Cieux par inclination naturelle
portent honneur à son Astre salutaire. La
terre luy soubsmet l'entier gouuernement
de son large pourpris, & la mer calme ses
flots, soubs le trident de ses loix Rhodien-
nes : ses triomphes, ses conquestes, ses victoires sont Anæmates, ou sans playe & sans
sang : & les despoüilles attachees aux portes
de son Palais, ressemblent à celles de Chi-
ron le Centaure.

Hæc hominum nullos experta cruores,

I

Spicula: nec truncæ bellis genialibus orni:
Sed pharetræ insontes, & inania terga fera-
rum.

Nulle merueille donc : ou s'il y a merueille, que ce soit sans murmure ou indignation, de ce que ceste Vierge auec vn Festv
conserue & maintient le bien de tout le
monde, & fleschit chacun soubs son obeis-
sance. *Nobilis enim equus* (disoit Quinte Cur-
ce) *vmbra virgæ regitur.*

Ou comme remonstroient les Ambassa-
deurs des Scythes, au grand & inuincible
Monarque de Macedoine, ainçois de l'vniuers: Leo *aliquando* MINIMARVM AVIVM
pabulum fit, & ferrum Rubigo consumit, nihilque
tam firmum est, cui non sit periculum ABINVA-
LIDO.

De faict n'auez-vous iamais ouy parler
de la belliqueuse & superbe Carthage? ceste
ville qui estoit entree auec Rome, en emu-
lation de l'Empire du monde? qui auoit à
ce dessein graui par dessus les coupeaux des
Alpes inaccessibles, qui en auoit cassé les
glaces, foulé les neiges, & tary les torrens?
Or ceste fameuse cité a esté ruinee par
vne petite Pomme, *supra omnia quiddam est*
(disoit Pline) *quo nihil duco mirabilius, tantam*
illam vrbem, & de terrarum orbe, per CXX. *an-*

nos vrbis æmulam, VNIVS POMI(*à Catone obla-*
ti)argumēto euersam,quod non Trebia aut Thrasy-
menus,non Cannæ busto insignes Romani nominis
perficere potuere,non castra Punica, ad tertium la-
pidem vallata, portæque Collinæ adequitans An-
nibal.

Mais pour adiouster à cela quelques exē-
ples, tirez des choses naturelles: l'indomta-
ble diamant, est-il pas mis en pieces auec
vn peu de sang de Bouc? *illa inuicta vis, dua-*
rum violentißimæ naturæ rerum, ferri ignisque
contemptrix, Hircino rumpitur sanguine. D'ailleurs ce Naphte de Babylone, ou cet ardāt
Bitume,est-il pas esteint auec quelque peu
de poussiere? *Naphtam, ardensque Bitumen,*
disoit Marcellin, *solus* PVLVIS *exstinguit.*

En apres ce reformidable Catobleps,qui
brusle tout, qui broüit tout, qui rauage &
consomme tout de son simple regard, mettez du fiel de Belette au deuant,le voila pas
desarmé de pouuoir? Dauantage vn petit
Taon met-il pas en fuite le Taureau? Et le
Cocq de ses yeux,faict-il pas entrer le Lion
en effroy? Hé quoy tant d'autres espreuues,
qui ont rauy le Poëte Pisides en ceste ecsta-
ze & meditation?

Πόθεν τα᾽ περύχοντα τω̃ ζωον γεῖν
Εκ τω̃ δοκούντων μετεωρ φαυλιζεται

Καὶ παῖ μὲν ἵππος Ϛειρομάϛιγα τρέμᵉ,
Οἴϛρῳ δὲ φεύγᵉ ταῦρος ἐπλομένος.
Φοβεῖ δὲ τὶ λέοντα τυπτηθεὶς κύων,
Ἡμᾶς δὲ κώκωψ εὐτελὴς διατρέφ,
Δάκνων περὶ ϛαυλὸν, ἐξυπνίζων πολλάκις.
Καὶ τῶν ἐλεφάντων ἐκφοβοῦσι τὸ κράτος,
Τὰ μικρὰ γρυλλίζοντα τῶν χοίρων βρέφη.

Ainſi ſe manifeſte la grãdeur de DIEV, par
les admirables effects de ſes plus chetiues
& foibles creatures. Tels ſont les incom-
prehenſibles inſtrumens de ſa haute Iuſtice, imitee par l'humaine. Tant de puiſſan-
tes armees vaincuës par vne poignee de
gens,

———— *nos ſemimari ſuperamur ab hoſte:*
  Et tu quoque victor Achilles,
  Victus es à timido Graiæ raptore marita.

tant de Princes & de Monarques deffaicts
par de petits vers de terre: *& ſanguis Neſſi*
montui Herculem extinxit,

  Qui vicerat ipſas horridi Neſſi minas.

Les exemples nous en peuuent eſtre four-
nis à milliers, par les Hiſtoires & ſacrees, &
profanes. Mais entre icelles i'en ay voulu
trier & choiſir vne ſeule, qui pour ſa rareté,
m'à ſemblé digne d'eſtre rapportee icy.

  Popiel deuxieſme du nom Roy de Po-

logne, vers l'an huict cens septante, ayant
esté delaissé ieune par Popiel premier fils
de Lesch troisiesme son pere : & paruenu
en l'aage d'adolescence, comme on le vid
se baigner en toutes sortes de delices, son
Oncle & Tuteur, & les Princes de son sang,
pour le diuertir du trac de telles desbau-
ches, luy firent espouser la fille d'vn Prince
Theutonic, excellente en beauté.

Mais comme elle vint à ressentir son
courage, qui luy croissoit d'autāt, de iour à
autre, que l'esprit de son mary luy sembloit
imbecille, cõme l'histoire Romaine nous
raconte d'vn Aruns Tarquin, & de sa femme
Tullia: soudain l'ambitiõ & desir de regner
s'empara tellement du cœur d'elle, que de-
sesperant d'en venir à bout, tant que l'Oncle & proches parés de son mary viuroiét,
elle se resolut de luy mettre en teste, de des-
petrer sa Cour d'eux, & les faire mourir.

Bien qu'il d'eust abhorrer ce malheureux dessein, comme aussi plein d'impieté,
que capable d'attirer sur son chef vne ven-
geãce diuine: il y presta toutesfois l'oreille
trop credule, & se laissa gaigner iusques-là,
par les artifices de sadicte femme: que de se
coucher au lict, & feindre qu'il estoit extremement malade.

Elle d'autre-part ioüant son personnage,
& empruntant le nom du ieune Roy son
mary, manda querir son oncle & proches
parens, à ce qu'ils le vinssent voir, auãt qu'il
trespassast.

Si tost qu'ils furent arriuez: Popiel fei-
gnant auec des larmes de Crocodile, estre
proche du tombeau, & qu'il en auoit eu
quelque reuelatiõ: leur recõmanda sa femme & ses petits enfans, & voulut que tout
ce iour ils luy tinssent compagnie, fissent
festin, & luy mesme pour leur en monstrer
le chemin le premier, commanda qu'on
luy apportast vn hanap, afin de les semon-
dre à boire, mais il y auoit dedãs du poison
preparé tout expres.

Quand il eut ce hanap en main, il l'ap-
procha de sa bouche, & halena seulement
l'escume du dessus, puis le leur presenta, &
les pria de boire tous à luy, ce qu'ils firent
volontiers. Lors content de ce qu'il auoit
veu, il fit mine de se trouuer plus mal qu'auparauant, & vouloir reposer: ce qui donna
occasion aux autres de se retirer, & prendre
congé de luy.

Mais si tost qu'ils l'eurent laissé, ils sen-
tirent par vn spasme & alteration extraor-
dinaire, que le venin dont ils se doubterent

commençoit à faire son operation en toutes les parties de leur corps :

——— *magno veluti cum flamma sonore*
Virgea suggeritur costis vndantis aheni;
Exultantque æstu latices, furit intus aquæ vis,

tellement qu'entrans en vne rage, & alie-
nez de leurs sens, ilz moururent par cette
trahison. La malheureuse femme fait ietter
leurs corps dans vn barathre occult, sans
leur donner autre forme d'enterrement.

Toutesfois le barathre auoit beau estre
caché, s'il pouuoit eschapper l'œil tout
voyant de la diuine Iustice, ou de cette
Nemeze & Adrastee, *quàm Theologi veteres,*
selon Marcellin, *fingunt Iustitiæ filiam, & ex*
abdita quadam æternitate tradunt omnia despe-
ctare terrena. La mort estoit secrete, les corps
estoient cachez. Mais ô Prince miserable,

——— *Heu Iupiter vnus,*
Decreuit pœnam inuigilare tuu.

Car soudain de ces corps sortit vne mul-
titude de souris, bestiolettes immodes, qui
a l'improuueu vindrent assaillir Popiel, sa
femme & ses enfans, estans pour lors à table, & faisans chere lie.

Les archers de sa garde & autres qui là
estoient, s'efforcerent de pouuoir chasser
cette vermine, mais ce fut en vain, car ils se

trouuerent pluſtoſt laſſez à cette beſoigné,
que leſdictes ſouris à mordre & à ronger.

Tellement qu'on fut contraint de faire
vn grand feu de charbon tout en rond, &
de metre au milieu du cerne, le malheureux
Popiel, ſa femme, & ſes enfans: neantmoins
ces petites beſtioles, ne craignans aucune-
ment le danger de ce braſier ardent, paſſe-
rent tout au trauers, & ne laiſſerent de ronger ce meurtrier execrable.

Finalement on luy fit ouuerture d'vn
autre element pour remede, c'eſt qu'il fut
mené auec ſa femme & ſes enfans au plus
haut lieu d'vn eſtang fort profond & fort
large.

*Quò fugis ah demes? nulla eſt fuga, tu licet vſque
Ad Tanaim fugias,*
Nec ſi pegaſeo vecteris in aëra dorſo,
Nec tibi ſe Perſeu moueat ala-pedes,
Inſtat pœna tibi ſupra caput, inſtat vbique.

Car non obſtant que la barque euſt en-
leué Popiel, ſa femme, & les enfans de deſ-
ſus terre ferme, ſi eſt-ce que ces ſouris ne
differerent de les ſuiure partout, où ils allerent: & ſe mirent à ronger les baſteaux où
ils eſtoient, ſi que ceux qui les accompa-
gnoient, redouterent en eux-meſmes gran-
dement ce danger.

Voila

Voila neantmoins le basteau à bord
contre toute esperāce, mais pour la reserue
de Popiel & des siens, à vn plus long & dou-
loureux supplice. Car à l'instant on vid sur-
uenir vne nouuelle compagnie de souris,
qui se ioigniret aux troupes des premieres,
& firent plus de mal à Popiel & aux siens,
qu'ils n'auoient ores senty.

Tellement que ceux qui l'auoient escor-
té, recongnoissans à l'œil que c'estoit vne
vindicte diuine, & craignans *ne Diespiter ira-*
tus incesto adderet integrum, comme parle
Horace, s'enfuirent promptement, & prirēt
leur route ailleurs.

Cause que Popiel se voyant seul, se retira
en vne haute tour qui estoit en la ville de
Somiszie : & auoit esté construicte par son
pere. Pour cela les souris ne laisserent de le
poursuiure, & monterent iusqu'au lieu où
il estoit, & là luy mangerent sa femme & ses
deux enfans en sa presence, puis luy, fut rō-
gé le dernier : l'ayans gardé comme pour la
bonne bouche.

O prodigieux exemple des iugemens
de Dieu ! ô tesmoignage reformidable du
choix qu'il fait des choses plus petites, pour
subuertir les grandes : Princes & Potentats
de la terre, mirez vous la dessus, & sçachez

qu'eſtans les images de ce grãd Souuerain,
ſi vous vous rendez diſſemblables à luy,
quand vous auriez le corps plus dur que le
Diamant, dont les pointes eſclatent & bril-
lent ſur voz couronnes, ſi peut-il en vn inſtant vous caſſer & briſer auec ſa verge de
fer, comme des pots de terre.

Nil adeò validũ eſt, Adamas licet alliget illud,
  Vt maneat rapido firmius igne Iouis.

Et le meſme eſt-il de la Iuſtice fille de
ce grand Dieu celeſte, laquelle à cauſe de la
participation qu'elle ha au pouuoir de ſon
pere : commande à baguette à tout le
genre humain, *quæ fecit Regibus*, ſelon le dire
de Plaute, *vt ſibi obedirent, nec quiſquam vm-
braticus eam decipere præſumeret:* comme auſſi
plus ſont ils hauts & puiſſans, plus luy
doiuent-ils d'honneur & de ſubmiſſion:

  Quàm eſtis maximè,
  Potentes, dites, fortunati, Nobiles,
  Tam maximè vos æquo animo æqua noſcere
  Oportet, ſi vos vultis perhiberi bonos.

Ie penſe donc iuſqu'à hui auoir monſtré
à ſuffire, que les deux principales Deeſſes
de l'vniuers, PIETE & IVSTICE, qui ſont
cõme les deux Poles, ſur leſquels tourne
l'vn & l'autre Hemiſphere du monde, ex-
ercent, l'vne ſes plus ſacrées Ceremonies,

& l'autre les actes plus importans de ſon Empire & Iuriſdiction Cvm vsv calami. Hé quoy la Princeſſe Bellone s'en peut-elle paſſer? Au contraire n'eſt-ce pas auec quoy elle fait la guerre? donne les batailles? gaigne les victoires, & emporte ſes trophées?

Pline m'en ſeruira pour ce coup de garend. Calamis, *orientis populi bella conficiunt : ac ſi quis Ægyptum, Æthiopas, Arabas, Indos, Scythas, Bactros, Sarmatarum tot gentes & orientis, omniaque Parthorum regna diligentiùs computet, æqua ferè pars hominum in toto mundo* Calamis, *ſuperata degit.*

Et bien qu'on puiſſe dire, que Pline en ce paſſage entend parler des Calames artificiels, voyons des naturels qui demeurent en l'eſpece des Pailles et Festvs. Qui ne ſçait l'hiſtoire de Philippes de Macedoine? Il auoit certain iour campé ſon armée en bon lieu: on luy dit qu'il n'y auoit point là de fourrage pour les beſtes, faillut-il pas leuer à l'inſtant le campege?

Or qu'eſt-ce que ce fourrage, dont le deffaut incommoda tant le camp de ce vaillant guerrier, ſinon vn ramas de Pailles et Festvs? *Quinetiam vbi*

fœni inopia est, difoit vn bon autheur Latin, *Galli ftramento* PALEAM *quærunt*.

Et cette couftume ha longuement
ʃ'u entre noz gens de guerre : puis que
nous ne voions conftitutions plus fre-
quentes entre celles de Charlemagne, que
l'ordonnance DE FODERIS, INFE-
RENDIS: FODERA, qui font noz feur-
res & fourrages de guerre.

Charge fi lourde, & redeuance fi pe-
fante, que quand le mefme Charlemagne
vouloit honorer vne Eglife de quelque
gratification, notable & fpeciale : c'eftoit de
luy remettre & quiter *præftationem huius mi-
litaris* ANNONÆ.

I'en ay leu trois ou quatre Chartres dans
les Archiues de l'Abbaye Sainct Denis en
France. L'Eglife d'Angers, celle du Mans,
& autres ont eu de luy pareille exemption,
De INFRENDIS, FREDIS, *hoftilitatibus
& manfionibus non exigendis.* L'immunité
mefmes en ha paffé iufques de là les Alpes :
fuiuant le priuilege donné par ce mefme
Empereur à l'Eglife de Modene, tefmoin
Sigonius : *Nequis Iudex ab Epifcopo, aut* Fo-
DRVM *exigeret, aut manfiones, aut paratas, aut
homines eius vlla ratione vexaret.*

Mais le Roy Louis Debonnaire, son fils,
par vne grande douceur enuers son peuple,
conuertit en droict commun, le soulage-
ment que son pere ne souloit donner, que
par speciale gratification : *Inhibuit* (dit vn
Historien du temps) *à plebeÿs vlteriùs annonas
militares, quas vulgò* FODERVM *vocant, dari: &
licet hoc viri militares ægrè tulerint : tamen ille
vir misericordiæ, considerans & præbentium pe-
nuriam, & exigentium crudelitatem simul, &
vtrorumque perditionem, satius iudicauit de suo
subministrare suis, quam sic permittendo copiam
rei frumentariæ, suos irretiri periculis.*

Sur laquelle rencontre i'ay pensé ne deuoir obmettre, que ce n'estoit pas anciennement vn petit passe-droict, honneur, &
priuilege pour les Euesques de l'Eglise primitiue, de ce que quand ils alloient aux
Conciles, L'Empereur leur donnoit passe-
port, auec fournissement de voictures, pailles & fourrages, aux despens du public.

Le Pape Miltiades se trouue en auoir eu
vn tel de l'Empereur Constantin, lors que
les disputes de la foy le conuierent de s'a-
cheminer en la ville d'Arles, pour y tenir le
Synode. Et tous les Prelats qui assisterent
au Concile de Nice, receurent pareil def-
fray : comme nous l'apprenons de l'histoire

K iij

tripartite, d'Eusebe, liure 10 chap. premier,
& de Nicephore liure 7. chap. 43. & liure 8.
chap 14.

Voila d'estranges merueilles des PAILLES
ET FESTVS. Hé qui penseroit que de si petits brints les peussent contenir? Void on
pas, parce que dessus que leur petitesse sur-
monte en dignité profit & vtilité, les choses en apparence plus hautes & releuees?

Sed maiora vocant: alias nunc suggere vires
Calliope: maiorque chelym mihi tedat Apollo.

C'est que ma plume apres auoir tracé les
loüanges des CALAMES militaires, ne me
veut icy souffrir passer plus outre, ains me
contrainct d'y faire pause & arrest: pour luy
donner tels eloges d'honneur, quelle pense
meriter, puis qu'elle est appellee CALAME
en latin, & que la Deesse Pallas, est vne dei-
té moitoienne entre les armes & la plume.

Ipse vides manibus peragi fera bella Mineruæ,
Nec minus ingenuis artibus illa vacat.

De vray lors que la premiere rusticité de
nos peres, nouuellement éclos de pierres
dures --- *vnde homines nati durum genus*, leur
faisoit rediger leurs conceptions sur des
choses correspondantes à leur naturelle
dureté: ils auoient à cet effect la graueure
du burin sur des pierres & escorces: *& hoc*

primordiis consentaneum fuit, dict Cassiodore, *quoniam rude principium, tale debuit habere commentum.*

Mais du depuis le siecle venant à se polir par vne plus assidue culture des esprits, & ayant esté recherchee vne matiere capable de receuoir la politesse de leurs inuentions : *pulchrum sanè opus*, disoit Cassiodore, *Memphis ingeniosa concepit, vt vniuersa scrinia vestiret, quod vnius loci labor elegans texuisset.*

Il adiouste auec des termes fort elegans, *surgit Nilotica Sylua ramis, nemus sine frondibus, aquarum seges, paludum pulchra cæsaries, virgultis mollior, herbis durior, nescio qua vacuitate plena, plenitudine vacua, bibula teneritudine, spongeū lignū, cui more pomi robur in cortice est, mollities in medullis, proceritas leuis, sed ipsa se continens, fœdæ inundationis pulcherrimus fructus,*

Puis il poursuit en la recommandation de ce papier : *imitatrix pulchritudo chartarum affluenter dicitur, vbi exceptionis subtrahi materia non timetur. Hæc enim tergo niueo aperit eloquentibus campum, copiosa semper assistit, & quo fiat habilis, in se reuoluta colligitur, dum magnis tractatibus explicetur.*

La tissure duquel papier, il descript par apres en ceste sorte: *iunctura sine rimis, continuitas de minutiis, viscera niuea, virettum herba-*

rum scripturabilis facies, quæ nigredinem suscipit
ad decörem, vbi apicibus eleuatis fœcundissimâ
verborum plantatrix seges, fructum mentibus
toties suauissimum reddit, quoties desiderium le-
ctoris inuenerit, humanorum actuum seruans fi-
dele testimonium, præteritorum loquax, obliuionis
inimica.

Et comme le mesme Nil, produict dans
ses flots limonneux la matiere du papier:
aussi ne faut-il pareillement à porter ce calame ou roseau, duquel a dit le Poëte,

Dat chartis calamos habiles Memphitica tellus,
    Texantur reliqua tecta palude tibi.

Or peut-on recognoistre, qu'elle est la
force & efficace de l'vne & l'autre matiere,
quoy que foible de soy : puis qu'elle sert à
conseruer l'eternité de la memoire, à despi-
ter l'iniure du temps & des annees, conioindre les siecles passez, presens, & à venir,
les vns aux autres, par vne longue duree:

    ——quam nec Iouis ira, nec ignes,
    Nec possit ferrum, nec edax abolere vetustas.

Diray-ie apres cela, que le mesme tuyau,
que le mesme Fæstv, sert aux ioyeusetez
des Muses Bucoliques, & aux chants gracieux des gayes Pastorelles ?

Pan CALAMOS *cæra coniungere plures*
Instituit, Pan curatoues, ouiumque magistros.
                    Hé qui

Hé qui ne voit s'esioüir les prairies, & les
troupeaux beelans fouler à petits bonds les
herbettes d'icelles, tandis que le Berger Ti-
tyre soubs vn arbre ombrageux,

Sylueſtrem tenui Muſam meditatur auena?

On dit que Pindare fut autresfois rauy
en ecſtaze de ioye, d'ouyr chanter à Pan
l'vne de ſes Epodes, Hé ſur quel autre in-
ſtrument, que ſur le Chalumeau?

Mais c'eſt choſe merueilleuſe ce qu'eſcript vn Poëte Bucolique, que deux Pa-
ſteurs Myctilus & Mycon, ayans par eas
fortuit trouué le flageol de ce Dieu leur
Patron : il ne rendit que des accords triſtes
& mal-gracieux, cõme ſi c'eſtoit ſimpleſſe
aux hommes, de penſer attenter ſur ce qui
eſtoit totalement Diuin :

Cum Pan venatu feſſus recubare ſub vlmo
Cœperat, & ſomno laſſatis ſumere vires,
Quem ſuper & tereti pendebat fiſtula ramo:
Hanc pueri tanquam prædam pro carmine
*   poſſent*
Sumere, fiſque eſſet CALAMOS *tractare Deo-*
*   rum:*
Inuadunt furto: ſed nec reſonare canorum
Fiſtula, quod fuerat, nec vult cõtexere carmen:
Sed pro carminibus malè diſſona ſibila reddit,
Tum Pan excuſſus ſonitu ſtridentis auena,

L

Iam pridem pueri, si carmina poscitis, inquit,
Ipse canam, nulli fas est inflare cicutas,
Quas ego Mœnalius cæra coniungo sub antris.

Sur laquelle rencontre ie puis dire, qu'on
ne doit trouuer estrange, qu'vn si grand
Dieu que Pan se serue du Festv, veu qu'vn
autre prodigieux Dæmon, n'a point pensé
rabbaisser la hauteur de son degré superbe,
que de se transformer, non point comme
le Iupiter d'Ouide, en Taureau, ou en Cy-
gne, ains en simple Festv.

L'histoire en est rare & merueilleuse dans
Froissard, l'vn des plus polis entre les anti-
quaires de nos Historiens : Il dit donc que
s'estant meu quelque procez entre le sieur
Baron de Corasse, qui est vne seigneurie di-
stante de sept lieuës d'Ortais vers Bearn, &
le Curé du lieu sur le faict d'vn dismage : &
nonobstant le Iugement du Pape Vrbain
cinquiesme, donné en Auignon, au profit
du Curé, ledit Seigneur n'ayant cessé de
luy en faire trouble.

Ce Curé pour s'en vanger, luy enuoyoit
toutes les nuicts vn Dæmon nommé Orthon, lequel remuoit mesnage à toute
reste, & faisoit tant de bruit, tant en la
chambre ou couchoit le Seigneur & la Dame, qu'ez autres des Domestiques : qu'en

fin certain iour estant venu hurter à la porte
du Baron ja couché dans son lict, iceluy
Baron sans se monstrer autrement effroyé,
voulut l'arraisonner, sçauoir qui il estoit, &
pourquoy il venoit.

Et comme ce folet luy eut respondu, qu'il
luy estoit enuoyé par le Clerc: le Cheualier
luy repartit en ces mots. Le seruice d'vn
Clerc ne te vaut rien, il te donnera, & fera
trop de peine, ie te prie laisse-le en paix, &
me sers, ie t'en sçauray bon gré.

Orthon prit aussi tost aduis de luy respon-
dre, & s'accorda de le seruir soubs telle condition, qu'il ne feroit mal à personne du lo-
gis. Car il asseura le Cheualier de n'auoir
autre puissance que de le resueiller, & trou-
bler le repos tant de luy que des siens.

Tellement que de là en auant, Orthon de-
uint si bon amy, & si soigneux de ce Cheualier à luy confederé, qu'il le venoit voir
souuentesfois de nuict, & quand il le trouuoit dormant, luy hochoit son oreille, ou
luy frappoit à grands coups ses huis & ses
fenestres.

Et le Cheualier quand il estoit esueillé,
luy disoit, Orthon, laisse moy dormir. Non
feray, dit Orthon, qu'au pre-alable, ie ne
t'aye dit des nouuelles. Là, auoit la femme

du Cheualier si grand paour, que tous les
cheueux luy herissoient, & se mussoit en la
couuerture du lict.

Là luy demandoit le Cheualier, hé qu'elles nouuelles m'apportes-tu? Orthon disoit,
ie viens d'Angleterre, ou de Hongrie, ou
d'vn autre lieu: & disoit, ie m'en partis hier,
& telles choses & telles y sont aduenuës. Si
sçauoit le Sire de Corasse par Orthon, tout
ce qui aduenoit de nouueau par le monde.

Et se maintint en ceste erreur le Cheualier,
bien l'espace de cinq ans: & ne s'en pouuoit
taire, ains s'en descouurit au Côte de Foix,
s'estant estonné, commét ce Cheualier luy
pouuoit tous les iours tát compter de nouuelles, lesquelles par apres, par la venuë des
postes & courriers, il trouuoit veritables.

Entretenez-le donc en amitié, luy dit le
Comte de Foix, car ie voudrois bien auoir
vn tel messager, il ne vous couste rien, & si
vous sçauez veritablement, tout ce qui se
fait par le monde: Le Cheualier luy promit
de le faire: & soit qu'Orthon eust vn ou plusieurs maistres: Tant y a que toutes les sep-
maines deux ou trois fois, il venoit visiter le
Cheualier, & luy racompter toutes sortes
de nouuelles: lesquelles iceluy Cheualier,
escriuoit audict Comte de Foix,

Or certain iour s'estans r'encontrez ensemble: Ledit Comte demanda au Cheualier entre plusieurs propos, s'il auoit point
veu de quelle forme & figure estoit le messager Orthon. Non dit le Cheualier, & ne
l'ay iamais pressé de se monstrer à moy. Ie
m'en estonne, dit le Comte, veu qu'il vous a
si bien seruy, & si i'eusse esté en vostre place,
ie me fusse ingeré de le prier de se descou-
urir à moy, veu mesmes que vous me distes
qu'Orthon parle aussi bien Gascon, qu'aucun de ce pais. Mettez donc peine à des-
couurir, & sçauoir quel il est. Et par ma foy
ie m'en mettray en peine, dit le Cheualier,
puisque vous me le conseillez.

Aduint donc, que ledit sire de Corasse,
estoit comme les autres nuicts dans son
lict, & sa femme pres de luy, laquelle estoit
accoustumée d'ouïr Orthon, & n'en auoit
plus de paour. Lors vint Orthon, & tira l'o-
reille du sieur de Corasse, qui fort dormoit.
Le Sire de Corasse s'esueilla, & demanda
qui est-ce là. Respondit Orthon, ce suis-ie.
Il luy demanda, & d'où viens-tu? Ie viens
dit-il de Prague en Bohesme. Combien
est-ce qu'il y a d'icy? soixante iournées dit
Orthon.

Et en es tu si tost venu? M'aist Dieu, ouy,

Ie vay auſſi toſt que le vent, ou pluſtoſt. Et
as tu æſles ? Nenny, dit-il. Comment donc
peux-tu voler ſi toſt ? Reſpondit Orthon.
Vous n'auez que faire de le ſçauoir. Non,
dit-il.

Ie te verrois trop volontiers pour ſçauoir de quelle forme tu es, & de quelle façon. Reſpondit Orthon, vous n'auez que
faire de le ſçauoir. Suffiſe vous de ce que
uous m'oyez, & que ie vous rapporte cer-
taines nouuelles. Par Dieu : dit le ſieur de
Coraſſe, ie t'aimerois mieux, ſi ie t'auois
veu.

Orthon reſpondit : & puis que vous
auez deſir de me voir, la premiere choſe,
que vous verrez, & rencontrerez demain
au matin, quand vous ſauldrez du lict : ce
feray-ie. Il ſuffit (dit le ſeigneur de Coraſſe.)
Or va, ie te donne congé pour cette nuict.

Quand ce vint au lendemain, le Sire de
Coraſſe ſe leua, & la dame auoit telle paour,
qu'elle fit la malade, & dit que point ne ſe
leueroit pour ce iour, & le Sire de Coraſſe
vouloit qu'elle ſe leuaſt. Sire dit-elle, ie ver-
roye Orthon, & ie ne le vueil point voir, ſe
Dieu plaiſt, ne rencontrer : lors dit le Sire
de Coraſſe, ie le vueil bien veoir.

Il ſaute tout bellement de ſon lict, &

s'assit sur le chalict, & cuidoit bien veoir en propre forme Orthon, mais il ne vid aucune chose, par laquelle il peust dire veez-cy Orthon, ce iour passa, & la nuict vint.

Quand le sire de Corasse fut en son lict couché: Orthon vint, & commécea à parler, comme il auoit accoustumé. Va, dit le Sire de Corasse à Orthon, tu n'es qu'vn menteur. Tu te deuois si bien monstrer a moy, & tu n'en as rien fait. Non, dit-il, si-ay. Non as: Et ne veistes vous pas, dit Orthon, quand vous saillistes de vostre lict, aucune chose?

Et le Sire de Corasse, pensa vn petit, & puis s'aduisa: ouy, dit-il. En seant sus mon lict, & pensant à toy, Ie vei DEVX FESTVS sur le pauement, qui tournoient & iouoient ensemble. C'ESTOIS-IE ORTHON. EN CELLE FORME-LA M'ESTOIS-IE MIS.

Le Cheualier ne s'estant contenté de le veoir en cette façon, & Orthon luy ayāt fait responce, que ce seroit sa perte, s'il s'obstinoit à le veoir dauantage. Le Cheualier ayant perseueré, Orthon parut dans son iardin en forme d'vne grande Laïe sur laquelle ayant fait le Cheualier harasser ses chiens, & cette Laïe ayant ietté vn grand cry. Le Cheualier qui la regardoit par la fe-

neftre, fe retira tout effroyé, & mourut peu
apres.

I'ay racontay cette hiftoire vn peu au
long, partie és propres termes de l'autheur,
partie és miens entre-meflez, felon que i'ay
trouué befoin au texte de quelque retran-
chement , & croy que le difcours ne s'en
trouuera point defaggreable, pour ce que
le fubiect en eft rare, & contient auec cela,
ne fçay quoy de plaifant & de facecieux.

Le recueil d'iceluy fera , qu'vn Demon
haut & fuperbe felon fon naturel, s'eft voulu metamorphofer en F e s t v : ce qui faict
préfuppofer qu'il ait recongneu en iceluy
quelque vertu occulte, qui nous eft dauen-
ture incongneue & cachée.

Eft-ce qu'il ha quelque naturelle fym-
pathie, auec les deux principaux dés metaux, l'A m b r e, & l'O r? puis que comme
le Magnes ou eymant rauit a foy le fer,
ainfi l'ambre attire le F e s t v, & la pierre
Calamite, plufieurs F e s t v s enfemble?

Le Poëte Claudian comme plein d'ad-
miration fur le fubiect de cette prodigieufe
& occulte alliance, en ha chanté ces vers.

Hoc mihi quærenti fi quid deprehendere veri
Mens valet, expediam: lapis eft cognomine
M a g n e s,

Decolor

Decolor, obscurus, vilis, nec ille repexam
Cæsariem regum, nec candida virginis ornat
Colla, nec insigni splendet per cingula morsu:
Sed nova si regni videas miracula saxi,
Tunc superat pulchros cultus, & quicquid Eois
Indus littoribus, rubra scrutatur in alga,
Ex ferro meruit vitam, ferrique rigore
Vescitur, has dulces epulas, hæc pabula nouit.
Hinc proprias renouat vires, hinc fusa per
  artus
Aspera secretum seruant alimenta vigorem,
Hoc absente perit, tristi morientia torpent
Membra fame; venasque sitis consumit apertas.

Voyla vne merueilleuse conformité
d'humeurs entre l'eymant & le fer: d'autre
part, si nous croyons Albert: le Diamant
ha telle antipathie auec cet eymant, qu'il
l'empesche qu'il n'attire le fer, comme il
se trouue beaucoup de telles Sympathies
& Antipathies, éz autres creatures.

Car on tient, que le pied de l'esparuier
attire l'or, que la Bardane mise sur quelque
chose, l'esleue en haut, rabbaissée, la rab-
baisse: que l'escreuisse de riuiere broiée, attire à soy les flesches du corps humain. L'I-
cterus ou L'auriot absorbe la iaunisse, la
Crapaudine deriue sur soy toutes sortes de
venins.

M

La Colombe ayme naturellement la Cresserelle, pour ce que son cry effroye l'esparuier. L'Elephant s'appriuoise en voyant vn Belier. La Soulcie tourne roussiours le visage vers le Soleil,

—————— Illa suum quamuis radice tenetur
Vertitur ad Solem, mutatáque seruat amorem.

Il y ha entre les roses, les lis, & les aux, vne si ferme & estroicte alliance, qu'ilz se conuertissent toussiours les vns vers les autres, & se cōmuniquent leurs meilleures odeurs. L'asperge & le roseau, ont vn accord Physical, qui les allie plausiblement ensemble. De mesmes entre l'oliue & la myrte. Et le Concombre quand le ciel tonne, comme effroyé, se resserre en soy-mesme, ainsi mille autres telles correspondances.

Comme à l'opposite, se trouuent plusieurs antipathies, pour exemple: entre le laurier & la vigne, entre la lauande & les herbes voisines, entre le ionc & la fougere, telle, qu'ils s'offensent l'vn l'autre. De mesmes que le Singe chasse la Tortue, l'Elephant redoute le gronnissemēt du porc, le chāt du coq, effroye le lion, & mille semblables discordances naturelles.

Dont resulte qu'il faut qu'il y ayt quelque excellence occulte en la qualité du

Festv, puis qu'elle ha vne telle sympa-
thie auec l'ambre, ioyau si precieux. Car
soit qu'il se concrée des larmes des sœurs
de Phaëton, comme le tient Ouide;

> *stillataque Sole rigescunt*
> *De ramis electra nouis: quæ lucidus amnis*
> *Excipit, & nuribus mittit gestanda Latinis.*

Ou qu'il procede de l'escume de l'O-
çean Septentrional, comme Cornelius Ta-
citus, nous le semble faire entendre au liure
de Moribus Germanarum, & apres luy Cardan, au liure *de Rerum Varietate*: cet autheur
moderne luy donne ces eloges d'honneur,
Inter metallica, succinum præstantissimum esse
videtur, duritie simili lapidi, splendore Chryso-
litho, viribus magneti, vsu medicamento, mira-
culo nulli compar, odore simili Thuri: & de là ce
vers du Poëte.

> *Olet quod messor Arabs, quod succina trita.*

De là aussi ces deux autres elegantes Epigrammes, l'vne d'vne fourmy fortuitement enclose dans la gomme de l'ambre.

> *Dum Phaëtohontæa formica vagatur in vm-*
> *bra,*
> *Implicuit tenuem succina gutta feram.*
> *Sic modo quæ fuerat vita contempta manente,*
> *Funeribus facta est nunc pretiosa suis.*

L'autre d'vne vipere estant tombée en

pareil accident,

Flentibus Heliadum ramis dum vipera serpit,
Effluxit in obstantem succina gutta feram,
Quæ dum miratur pingui se rore teneri,
Concreto riguit vincta repente gelu.
Ne tibi regali placeas Cleopatra sepulchro,
Vipera si tumulo nobiliore iacet.

Aussi l'ambre est il coustumier de seruir
à l'ornement des Nymphes plus iolies,
auec les Perles & Esmeraudes, Rubis &
Diamans, qui donnent le lustre à leur chef,
ou leur sein. Et pour cette cause entre autres actes reprochables de l'Empereur Heliogabale, on n'ha pas oublié, celuy là: *quod*
ELECTRVM *calcaret, & auream arenam*, *qui*
qui est la chrysocolle tenue en grande estime, par les autres Empereurs.

Mais que dirons nous de cet or, Roy
de tous les metaux, & qui esclate si magnifiquement selon Pindare parmy vn amas
de richesses superbes?

Χρυσὸς αἰθόμενον πῦρ
Ἅτε διαπρέπει νυκτὶ
Μεγάνορος ἔξοχα πλούτου,

or qui est si curieusement recherché, iusqu'au profond des entrailles de la terre : or
elabouré auec tant de peine, & gardé auec
tant de sollicitude:

Chose estrange, que sa force indompta-
ble, ne puisse estre fonduë qu'auec vn feu
DE PAILLES ET FESTVS. Ainsi l'escript
Pline, *mirum prunæ ardentißimæ igni, indomi-*
tumaurum, PALEA *citißimè ardescere:* De mes-
mes Plutarque, & conformément auec eux
S. Augustin, au premier de la cité de Dieu:
Nonne sub eodem igne, AVRVM RVTILAT, ET
PALEA FVMAT?

Vous donc qui habitez au coing des ca-
binets luysans d'or, & d'azur: qui portez sur
la teste des diadesmes d'or, qui tenez au
poing des sceptres & verges d'or. Vous
Roynes & Princesses, dont le chef & le
sein esclate par ce metal, ne plus ne moins
que des Astres du Ciel: qui ne voyez à l'en-
tour de vous que vazes, que ioyaux, que
licts, que tables luisantes de ce Soleil, bref
vous tous qui l'auez ou à vos liures, ou à vos
lures, ou autres instrumés: en fin qui le che-
rissez, ou caché dans vos thresors, ou estalé
et monstre: sçachez que sans la PAILLE ET
LE FESTV, vous ne pourriez iouyr de ce
rare ornement.

Ille dedit gemmas digitis, & crinibus aurum.

C'est chose memorable ce qu'escript Tite
Liue, de la pieté des Matrones Romaines:
qu'elles donnerent tout leur or, leurs

perles & ioyaux, afin d'accomplir le vœu
faiſt par Camille, pour le ſalut de la Patrie,
lors reduite en extreme danger. Tellement
que le Senat pour leur rendre vne recom-
penſe publique de ceſte affection deuote à
leur païs, *decreuit vt plauſtro ad ſacra, Ludoſque,
carpentus, feſto profeſtoque vterentur:* Si on re-
garde à la ſource de la fonte de l'or, à qui
l'vn & l'autre auoit-il ceſte obligation?

Et pour ne m'eſtendre ſur ce diſcours qui
ſeroit trop prolixe:Fut-ce pas vn grand paſ-
ſe-droiſt pour ceux qui eſtabliréꝲ le ſceptre
de ce Royaume de France, de ce qu'au rapport de Procope:ils eurent ſeuls le pouuoir
de faire battre monnoye d'or, choſe loiſſi-
ble au ſeul chef de l'Empire, & n'eſtant permis aux autres Roys de la terre, que de for-
ger de la monnoye d'argent?

Bref puiſque ſelon la regle de Philoſo-
phie, ce qui eſt cauſe de la cauſe, eſt auſſi
cauſe de l'effeſt qui en eſt cauſe: & que l'or
ne peut eſtre fondu que par le feu des pailles & Festvs:ceux qui par leur moyen tien-
nent rang honorable parmy la republique,
leur en doiuent au moins ſçauoir ce gré,
que c'eſt à vray dire faire renaiſtre le ſiecle
d'or,*quo plurimus auro venit honos,* & remettre
ſur pieds, les iabages de ceſte portee doree

de Constantinople, par laquelle Basile de
Macedoine, de petit lieu, paruint au sommet
de l'Empire.

Mais puis que nous sommes sur les enri-
chissemens faicts d'or & d'azur, & autres
telles raretez: y dois-je pas conioindre sub-
secutiuement, ce que l'on chante de la gentillesse des pauez Asarotes?

—— varias vbi picta per artes,
Gaudet humus? superantque nouas Asarota
figuras?

Pline en son histoire naturelle liure trente-six, chapitre trente-cinq, dit qu'ils sont
appellez Asarotes en Grec, comme qui di-
roit en Latin, *non verrenda* : & en François,
non baloiables : d'autant que c'estoient pauez faicts à la Mosaïque, de petites pieces
rapportees & peinturees de diuerses figu-
res. Vn ancien Poëte dans Ciceron, les appelle pour ceste cause, *Emblemata vermicu*
lata, d'autres qualifient cet ouurage, *opus*
Musiuarium.

On tient qu'vn Sosus de Pergame, en fut
le premier inuenteur: & qu'il façonnoit de
ces petites tesselles, diuerses sortes d'oiseaux & animaux, piolez de maintes cou-
leurs: & que particulierement on eut en ad-
miration, vn petit Pigeon, si naïfuement re-

presenté beuuant, que propremét on l'eust
creu estre en vie, vn autre qui de sa teste
sembloit offusquer l'eauë, & d'autres qui
sembloient se mettre à l'abry, & se grater
sur le bord d'vn bassin.

Donc d'autant que tels planchers estoiét
ainsi riches & precieux : on n'osoit passer le
balay par dessus, ains s'il estoit tombé quelques miettes, ou reliefs de la table, on les ra-
massoit à la main : & s'il y estoit demouré
quelque crotte, on l'effaçoit & nettoyoit
auec vne esponge propre à ce, de peur de
ne gaster la couleur : ou ternir la beauté des
peintures.

D'où l'on peut recueillir que tels planchers entretissus auec tant d'artifices, ne
commencerent à estre en vsage à Rome,
que quand le luxe d'icelle, accreu par les
despouilles de tant de riches & puissans ennemis, fit effacer tous les vestiges de ceste
rude & rustique antiquité, en laquelle des
peaux de cheures, estoient les plus exquises
de leurs tapisseries : C'est cet aage plein d'orgueil, de pompe, & de bombance, duquel
disoit Petrone,

Orbem iam domitũ, victor Romanus habebat,
Quâd mare, quà terre, quà sidus currit vtrum-
que.
                                                    Nec

Nec satiatus erat: grauidis freta pulsa carinis,
Iam peragrabantur: si quis sinus abditus vltrà,
Si qua foret tellus, quæ fuluum mitteret aurum,
Hostis erat: fatisque in tristia bella paratis,
Quærebantur opes, non vulgo nota placebant
Gaudia, non vsu plebeio trita voluptas,
Assyria conchim miles laudabat in vnda,
Quæsitus tellure nitor certauerat ostro.
Hinc Numidæ crustas, illinc noua vellera
   Seres,
Atque Arabum populus sua despoliauerat
   arma.

Sur la rencontre donc de ces beaux planchers Asarotes, ce ne sera pas vn petit ac-
croissement d'honneur au subiect que ie
traicte, de ce qu'il n'y auoit estofe plus propre pour leur seruir de fondement, que de
mettre dessoubs, force PAILLES ET FESTVS.
Ce que Pline au passage pré allegué appelle FESTVCIS PAVIRE. Puis quelques
lignes au dessoubs: *Necessarium binas per di-*
uersum coassationes substerni, capita earum præfi-
gi ne torqueantur, & ruderi nouo tertiam partem
testæ tusæ addi: Deinde rudus in quo duæ quintæ
calci misceantur, pedali crassitudine FESTV-
CARI.

Mais les Chaumes & FESTVS, ne sont pas
faicts seulement pour les fondemens de tels

N

planchers, plus recherchez pour la volupté,
que la necessité : ains seruent aussi à couurir
les cabanes Rustiques, *inde culmen quasi à*
culmo.

Pauperis & tugurî cögestum cæspite CVLMEN.

De vray l'opinion commune est, qu'vn
nommé Doxius au premier aage , ayant
contemplé l'artifice du nid des Arondelles,
dont on void les fondemens estre de PAIL-
LES ET FESTVS, s'aduisa de la premiere inuention de bastir des maisons en forme
ronde & sphærique.

Et en ceste nouuelle simplicité, ne faut
point douter que les couuertures ne fussent
de Chaume ou de Bardeau. Pour le moins
Cæsar tesmoigne de nos Peres Gaulois, que
leurs maisons le plus cōmunément estoiēt
couuertes de Chaume : Tellement que l'v-
sage qui nous en est encores demouré à
present, se recognoist estre par là de grande
antiquité. *Vbi stipula domus contegunt Galli,*
disoit Pline, *eam quam longissimam seruant.*

Mais tandis que i'escris cecy , & que les
froidures ia poignantes , commancent à
nous faire ressentir les approches du mau-
piteux Hiuer : est-il possible que ie puisse
oublier ces nattes ou storeez, qui seruent
non seulement à l'aisance & commodité,

ains aussi à l'embellissement des meilleures
maisons? Et qui demeurent en tout temps
contre les parois d'icelles, comme gardes
perpetuelles, veu que les pieces de tapisseries, n'y sont ordinairement appendües que
pour la duree de l'vne ou de l'autre saison,
consequemment ne doiuēt tomber en estime pareille: non mesmes ces belles tentures
desquelles disoit Lucain.

Strata micāt Tyrio quorum pars maxima succo
Cocta diu, virus non vno duxit aheno,
Pars auro plumata nitet, pars ignea cocco,
Vt mos est Pharijs miscendi Licia telis.

En apres, puis-ie oublier le deuoir d'humanité, que rend la paille aux pauures pri-
sonniers? *ad hoc enim olim facti stratores*, comme nous pouuons recueillir de la loy premiere, *versiculo stratorum C. de custodia, & ex-*
hibit reorum. Outre que la loy des douze tables portoit, *vt vincto nî suo vtnerer, daretur*
selibra farris.

Tellement qu'à bon droict l'Empereur
Constantin, abolit le rigoureux Edict de
l'Empereur Licinius, par lequel il auoit
deffendu d'vser d'aucune misericorde vers
les pauures captifs, ny de les visiter: ou leur
donner aucun soulas, ny les ayder de viure
& vestiaire. Qui estoit imiter la cruauté de

Tybere Cæſar, ſoubs le regne duquel, *qui-bus tam cuſtodiæ traditis, non modò ſtudendi ſola-tium ademptum, ſed etiam ſermonis & colloquij uſus.*

Veu qu'au contraire, c'eſtoit le principal ſoing des Chreſtiens, de la primitiue Egliſe, d'aſſiſter leurs pauures confreres, qui pour l'honneur de la foy, croupiſſoient parmy les tenebres des priſons, & auoiét les membres à demy ſciez & rongez, de la peſanteur de leurs chaiſnes & menottes, *quibus ſexcento-Plagis nomen indebatur, in lamentarijs illis ædibus.*

Et Philoſtrate rapporte d'Apolloine, du-quel comme on ſçait, il a contrefaict la vie ſur celle de noſtre Seigneur, qu'il prenoit plaiſir à conſoler ceux qu'il voioit priuez de leur liberté naturelle, par vn enclos de gril-les & attache de ceps: alleguant pour raiſon, que noſtre ame eſtoit ainſi captiue dans no-ſtre corps, & qu'on luy deuoit pareille com-paſſion.

Mais laiſſant ce diſcours, d'autant aggrea-ble à l'humanité, que triſte au ſouuenir: paſ-ſons à vn autre contraire & oppoſite, ſur vn vſage paraduéture auſſi aggreable au gouſt, que nuiſible à la ſanté de ceux, qui recher-chent ce plaiſir trop immoderément.

Vous donc qui parmy les ardeurs de l'al-

teree canicule, vous efforcez d'estancher
vostre soif,& rafreschir vos chaleurs par des
neiges, versees dans vostre verre,*aut aquis ni-*
uatu dont Neron fut le premier autheur, au
dire de Suetone: sçachez que ces neges ne
vous ont esté conseruees hors de la saison,
que par la fourreure des pailles & Fᴇꜱᴛᴠꜱ.

Vrayement Plutarque s'est estonné en
ses symposiaques,de cette antipathie: & ha
fait vne serieuse question de sçauoir, comment la nege qui est froide de soy, se peut
côseruer par des choses si chaudes comme
la paille,qui sert pour cette cause à meurir
les fruicts, & comme font les draps non
tondus, dans lesquels on enueloppe la
nege.

Et la principale raison qu'il en rend, est
qu'il semble y auoir en cela de l'erreur po-
pulaire, estimant que ce qui eschauffe
soit incontinent chaud,veu qu'au côtraire
nous disons qu'vn mesme vestement, en
hyuer nous rechauffé, & nous rafraichit au
Soleil: cause que les Allemãs, n'vsent d'ha-
billemens que pour se deffendre du froid,
les Æthiopiens du chaud seulement, &
nous de l'vn & l'autre.

Tout ainsi donc comme le vestement
eschauffé, eschauffe, aussi estant rafreschy

iiij

par la nege, il la rafreſchit reciproquement,
& eſt rafreſchy par elle, à cauſe qu'il en ſort
vn petit vent & eſprit delié, lequel demeu-
rant dedans, contient la liaiſon & concre-
tion d'icelle. Et au contraire, quand il s'en
eſt allé, ce n'eſt plus qu'eaue qui flue, & s'eſ-
coule & ſe fond, & la fleur de blancheur
s'eſpand & s'eſuanouit, laquelle prouenoit
de la commixtion de l'eſprit auec l'humeur, dont elle eſtoit deuenue eſcumeuſe.

Or ſi la paille & le FESTV donne du
plaiſir de cette part, à ceux qui boiuĕt frais,
au moyen de la nege par eux conſeruée
hors de ſa ſaiſon propre : que dirons nous
du ſingulier remede qu'elle apporte aux
pauures gouteux, deſquels on tiĕt d'ailleurs
le mal eſtre incurable? Pour le moins donc
me ſçauront-ils gré de leur auoir deſcou-
uert ce remede, afin qu'ils ne crient plus
auec le Tragique,

Non ſi ille remeet arte Mopſopia potens,
Qui noſtra cæca monſtra concluſit domo,
Promittat vllam caſibus noſtris opem.

Pline eſcript au vingt-deuxieſme de ſon
hiſtoire naturelle, chapitre vingt-cinquieſ-
me, que Sextus Pomponius Prince de l'Eſ-
pagne citramontaine, faiſant ventiler ſes
greniers, eſtant ſoudainement ſurpris de la

douleur de ſes gouttes ordinaires, ſe plongea dans vn tas de bled iuſqu'aux genoux; *merſit in triticum ſeſe ſuper genua, leuatuſque ſiccis pedibus, mirabilem in modum, hoc poſtea remedio vſus eſt. Vis tanta eſt, vt cados plenos ſiccet. Paleam quoque tritici vel hordei calidam imponi ramicum incommodis experti iubent, quaque decoctæ ſunt, aqua foueri.*

Ie paſſeray ce que le meſme Autheur eſcript des feſtus de la Caſſe, & de ceux qui reſpirent le bauſme du nid Phœnicien, propre à pluſieurs remedes. CALAMVS quoque odoratus in Arabia naſcens communis eſt indis atque ſyris, præſtantiſſimus odore ſtatim é longinquo inuitat, mollior tactu, meliorque qui minus fragilis. Quelle plume donc peut exprimer, ou quelle langue vanter, ou quelle façon de aſſez paranympher ce tuiau Synonymez qui ſurpaſſe par ce moyen les plus rares ioyaux?

Vt Phœbe Stellas: vt frater lumina phœbes
Exuperant, monteſque Atlas, vt flumina
        Nilus,
Et pater Oceanus Neptunia cærula vincit?

Car que me diront ceux qui font profeſſion du droict Pontifical, autant digne d'eſtre ſceu, qu'il contient en ſommaire toute la merueilleuſe police de l'Egliſe? Si ie leur monstre que les plus belles Rubriques de leurs Canõs, portẽt ce mot PALEA?

Et bien que le mot soit à deux ententes, pour ce qu'il peut estre pris pour le ΠΑΛΑΙΑ, qui signifie ancien, est-ce pas vn grãd mystere que couure vn mot de paille? Car les plus anciens Canons, sont-ils pas les plus saincts & les plus venerables? n'en fust-il d'autre tesmoignage que par ce Canõ des Apostres, ἀρχαῖα ἔθη κρατείτω *Antiqui mores præualeant?*

Aussi quand les Atheniens consulterent autres fois l'oracle Delphien, pour sçauoir quelle religion ils debuoient tenir, quelle garder, quelle suiure & obseruer: sa response fut qu'ils tinssent celle de leurs peres & ayeux,

Hæc casti maneant in religione Nepotes.

Que si cela s'est practiqué parmy le Paganisme, plein d'erreur & superstition: à meilleur droict vn S. pere vers l'an 424. selon Vincent de Lerins, r'escriuit des lettres aux Euesques, Prelats, & Prestres des Gaules, par lesquelles il les tansoit aigrement, de ce qu'ils laissoient introduire en leurs Eglises, par trop de nouueautéz, adioustãt ces mots, *si ita res est, desinat,* NOVITAS INCESSERE VETVSTATEM.

Mais

Mais ce n'est point seulement en l'estat de l'Eglise, ains aussi en la police seculiere, qu'il importe pour la durée d'icelle, que les loix PALAEEZ ou anciénes, soiét inuiolablement gardées & obseruées. Cautę quŏ Pythagore se trouue en auoir tant de fois reiteré le precepte dans Iamblique, & autres qui ont discouru de sa vie.

Il y a plus que depuis que quelque coustume ha pris racine & habitude en nous, malaisément s'en peut elle arracher : & à ce propos Theophraste dans Athenée, en rapporte vne memorable histoire. Les Tyrinthiens estoiét peuples si facecieux, qu'ils rioient à chasque bout de champ. Ils allerent à l'oracle, sçauoir commét ils se pourroient garder de rire. L'oracle les admonesta de ne mener iamais de petits enfás auec eux. Il y en auoit vn petit qui dit, quoy? est-ce de peur que ie renuerse le broüet? Ils se prirent à rire. L'oracle par-là leur voulut faire entendre, que depuis qu'on ha pris habitude à quelque chose, il est bien difficile de pouuoir s'en desaccoustumer.

Hé pourquoy les hommes raisonnables ne le feroient-ils ainsi?

Cum fugiắt & bruta Novos *animalia căpos?*
Et repetant celeres pascua Not *agrèges?*

Sub qua decubuit requiescens diligat vmbram
Taurus, & amissum quærat ouile pecus?
Dulcius in SO̅ITIS *cantet Philomela rubetis,*
Sitque suum rapidis dulce cubile feris?
Permanet in validis reuerentia PRISCA *co-*
lonis,
Quod fuit in VETVLO *Milite, Miles amat:*
Rusticus EXPERTVM *deflet cecidisse Iuuencū,*
Cum quo consenuit Miles honorat equum.

Apres donc auoir parlé de la PAILLE
ou PALÆE CANONIQVE, venons à la
Iurisprudence, ma chere professiō, laquelle
bien que malgré l'ēuie i'aye iusqu'à huy de-
menée, auec plus d'honneur, que peut estre
de profit: si est-ce qu'autresfois cet eloge ha
esté faict pour elle.

EX ALIIS PALEAS, *ex ista collige grana.*

Mais comment cela? veu qu'il ny ha
science, qui requiere tant l'esprit entier
de l'homme? & que selon le dire du Dia-
syrtique: *Neminem ingenij amor diuitem vn-*
quam fecit? Et puis qu'elle esperance de ietter la faucille dans la maisson dorée,

——— *si didicit iam diues auarus*
Tantum admirari, tantum laudare disertos?
vt pueri Iunonis auem?

Est-ce pas la faim, au dire de Iuuenal, qui
ha chassé la pauure Muse Clion des deserts

d'Aganippe? Hé quelle pitié de voir que
par l'ingratitude d'vn siecle miserable,

Terpsichoren odit facunda ac nuda senectus?
ou plustost quelle honte que faute de chry-
sargyre, la vertu est contraincte de recher-
cher son loyer en soy-mesme?

────── *quòd mercede caret, per seque petenda est*
Externis Virtus incomitata bonis?

Que si on me veut repartir cela pouuoir
estre dit pour les autres sciences & facultez;
les recompenses desquelles,

────── *Veluti* PALEÆ *iactantur inanes:*
mais que la Iurisprudence *quæ cadit in fœdera*
pragmaticorum, sçait bien faire sa main, *&*
PERCIPIT GRANA, d'où est venu ce
vieil dire du Poëte;

Romanum propius diuitiusque forum est.

Pource que plus ne moins que Pithagore aimoit tant à salarier ses escholiers,
que pour chasque figure de Geometrie
par eux apprise ou inuentée, il leur donnoit
autant de Trioboles; ainsi pour chasque petite expedition, *aures spes affulget nummi:*
cause que plusieurs de la robbe entendent
plus à leurs seures qu'à leurs liures;

Iam reditus iã quisque suos amat, & sibi quid sit
Vtile, sollicitus computat articulis.

A repartir au contraire: combien est ho-

O ij

norable à mettre en œuure ceſt apophthegme de Rabi Sadok, ou Rabi le Iuſte,
qui deffendoit de n'vſer de la Couronne
pou s'aggrandir en biens par icelle: ny de
s'en ayder comme d'vne coignée, pour en
tirer commodité de viure?

C'eſt à dire pour interpreter cet Ænig-
me ſelon le ſtile des Hebreux, par lequel ils
appellent la loy COVRONNE, pour ce qu'ils
diſent que tout le peuple d'Iſraël eſtoit couronné, quand il receut la loy : c'eſt à dire
encores vn coup: que l'exercice de la Iuſtice ne doit eſtre rendu mercenaire.

Car quelle ignominie à vn hôme faiſant
profeſſion de l'honneur, dont ſa Togue à
toute heure luy doit ſeruir d'indice: de rendre ſa langue & ſa plume comme l'outil de
quelque Artiſant mechanique? & par vne
eſpece de charlatanerie,

Ingrato vocem proſtituiſſe foro?

Pourquoy fut blaſmé le Philoſophe
Speuſippe, ſinon que contreuenât à la bié-
ſeance de ſa profeſſion, il alloit çà & là, hon-
teuſemét la gueule beante, & à main ou-
uerte braqueter le Didrachme? voires qu'il
n'eut point de vergongne pour vne petite
piece d'argent, de poëtiſer & faire des vers
ſur le Mariage du Roy de Macedoine?

Hé sur quel subiect pensons-nous, que les
Statuës des anciens Orateurs estoient de-
peintes les deux mains cachees & serrees
dans les deux fentes des deuants de leurs
robes, ou dans la togue appellee Cataclite,
c'est à dire fermee de toutes parts ? sinon
pour demonstrer comme disoit la Pytha-
goricienne Theano, que la main estoit belle, mais n'estoit pas commune : ains aussi
chaste & retenuë qu'à la BONNE DEESSE,
tousiours close & cachee ?

Ce n'est pas que recongnoissant le grand
& penible trauail de nostre profession, ie le
vueille frustrer de l'honoraire à luy iustemét deub:pour ce que ie croid ceux d'Hercule ne luy estre pareils, en ce qu'ils ont eu
vn nombre limité: & que celuy-cy est vn
vray Vautour, qui ronge tous les iours le
cœur renaissât de nostre Promethee. Ioinct
que selon S.Pol,*ei qui operatur, merces non im-
putatur secundum gratiam, sed secundum debitum.*

Mais l'honneur est d'y tenir le choix, &
garder la mesure :pour ce que tout le Theatre, a iadis ouy ces paroles du Comique,
d'vne oreille attétiue, benigne, & fauorable:
*Ego nunquam auarè statui pretium arti meæ:
Et eum esse questum in animum induxi maxi-
mum,*

Quàm maximè seruire vestris commodis.

Et d'autant que cela ne peut proceder
que d'vne genereuse franchise & liberté
d'esprit, qui jouë aux quilles de la boule
de fortune, qui faict des camplumets des
plumes qui luy tombent, & ne veut capti-
uer son courage, soubs les caprices de ceste
bourrasqueuse & aueugle Deesse.

Voila pourquoy ie reuiens à toy, Noble
FESTV, & cent fois meilleur qu'elle, puis
que tu as tousiours seruy de symbole de
ceste franchise & liberté. Tesmoin ce vers
de Plaute:

> *Quid ea ingenua? & FESTVCA facta? serua,*
>   *an LIBERA est?*

& cet autre de Perse.

> *Non in FESTVCA lictor quàm iactet ineptus:*

Sur quoy ie pourrois representer, ce qui
a esté si amplement discouru par Clement
Alexandrin au second de ses Stromates,
par Monsieur Cujas sur la loy premiere, *ff.*
de verb. oblig. & plusieurs autres celebres Es-
criuains, des symboles qu'auoyent les Romains pour la confection des actes par eux
appellez legitimes, DE LIBRA, DE LIBRI-
PENDE, DE ASSE, DE NVMMO CAIANO,
DE VINDICTA, & autres marques semblable-
bles. Mais ce n'est point mon humeur d'en-

richir mes escripts des despoüilles d'au-
truy.

———— tenui sed puluere sulcos
Ducimus, & littus nostro versamus aratro.

Suffise donc pour le present de parler de
FESTVCA, & ne sçache François, qui ne luy
doiue honneur, puisque sur toutes les Nations qui ont prodigué leur sang, pour l'a-
mour de ceste liberté: elle seule par excellence ou Antonomasie, a merité d'en porter le tiltre & le nom, qui a faict esleuer sa
gloire, iusqu'au Ciel.

Hos verè dicam FRANCOS, chantoit vn
ancien:

Quos facit indomita virtus feritate feroces.

En quoy on peut dire, que comme ils
ont succedé à l'Empire des Gaulois, leurs
voisins subiuguez par leurs armes, & comme ils ont gaigné leurs païs & Prouinces:
de mesmes ont ils herité de leur valeur &
generosité: pour ce qu'au rapport de Cæsar
mesme, se voyans assaillis par luy, *coniurarunt
omnes simul, dixeruntque præstare in acie inter-
fici, quàm non veterem belli gloriam,* LIBERTA-
TEMQVE *quam à maioribus acceperant, recupe-*
rare.

Lequel vœu neantmoins semble leur
auoit esté commun auec toutes les autres

nations, qui ont estimé n'y auoir gesne pareille au ioug de seruitude:

Ex populis qui regna ferunt, sors ultima no-
stra est,

Quod seruire pudet:

& c'est lors qu'on entend ceste plainte pleine de desespoir, *si moritura est nostra libertas,*
parate exulibus terram, capiendis redemptionem,
peregrinaturis viaticum.

Sur laquelle compassion ie croy que Pythagore, passant par les villes de la Grece,
n'estimoit les obliger d'vn plus diuin bien-
faict, que de les mettre en franchise planie-
re, & leur faire cesser leur ἐλευθεροβοᾶν.

Aussi en memoire perpetuelle de la bataille gaignee par les Grecs, contre les Per-
ses, en la plaine de Platees: tous les ans ils
auoient de coustume de s'assembler à mesme
iour, en la ville Plataique: d'y faire proces-
sion generale, à laquelle ne pouuoit assister
ny serf ny esclaue, & là se faisoit sacrifice à
Iupiter protecteur de leur LIBERTE'.

Et ne sçache homme à qui les larmes ne
puissent tomber des yeux, quand il lit dans
l'anthologie des epigrammes Grecs, la
Prosopopée de ces Soldats de Lacedemone, qui admonestét les passans de racöter,
qu'ils les ont trouuez gisans audit lieu, pour
au oir

auoir au prix de leur vie deffendu la liberté
de leur païs attaqué des barbares.

De vray ce peuple entre les Grecs, semble auoir eu ceste Eleutherie, en si particu-
liere & speciale recommandation, qu'on
disoit qu'il n'y auoit au mōde homme plus
libre, que celuy qui estoit en Lacedemone
de libre condition, nul plus chetif esclaue,
que celuy qui estoit serf audit lieu: De sorte
que par force ny par menaces on ne sçeut
iamais aux Ilotes dudit peuple, faire chanter les chansons de leurs Maistres: bien que
selon le commun Prouerbe, autant de serfs,
autant de couuerts ennemis,

> —— *nec bellua tætrior vlla est,*
> *Quam serui rabies in libera colla furentis.*

Bref sur ceste notion commune de l'horreur naturelle du frein de seruitude: comme
autresfois le Roy de Babylone donna per-
mission au sage Apollonius, de luy deman-
der tout ce qu'il voudroit, il ne le supplia
d'autre chose, que de mettre en franchise les
Eretreïens.

Et surce que quelques vns discourās deuāt
ledit Apollonius, de la Topographie des
contrezz de la Grece, luy remonstroient
que le mont Oeta estoit le plus haut & le
plus esleué: il leur respondit, au contraire

que c'estoit celuy auquel leurs anceſtres
eſtoient morts pour leur commune liberté.

Ainſi des autres peuples qui ont eu ſemblable ſentiment, & demené les mains
pour la deffece d'icelle, *qui ſua impenſa, ſuoque
labore ac periculo*, diſoit vn ancien, *bella geſſe-
rint pro libertate*. Et combien ce reproche
touchoit il au cœur des Arſacides ? *Subit
pudor degenerauiſſe Parthos : vbi illam gloriam
trucidantium Craſſum, exterminantium Anto-
nium ?*

Propoſez-vous les deux armées de Pom-
pée, & Cæſar preſtes à combattre en teſte
quel pretexte prennent-ils tous deux par
leurs harangues, afin d'aiguiſer au combat
le cœur de leurs gensd'armes ?

L'vn: ── *victor tibi Roma quietem*

Eripiam ? qui ne premerent te prælia, fugi ?

L'autre:

Non mea res agitur, ſed vos vt LIBERA *ſitis*

Turba precor, gentes vt ius habeatis in omnes:

Ipſe ego priuatæ cupidus me reddere vitæ,

Plebeiaque Toga modicum componere ciuem:

Omnia dum vobis LICEANT *: nihil eſſe
recuſo.*

Et neantmoins à l'eſgard de ce dernier,
l'iſſue en fut-elle pas telle : qu'il preſſa ſoubs
ſes pieds la franchiſe indicible de ceſte Re-

publique? De forte que l'Empire de luy, & de fes fuccefleurs, ne pût eftre fans murmure fupporté que par ceux qui *rem - publicam ftantem non viderant?*

De faict qu'Augufte eftably à ce haut degré de Monarchie, par les armes & victoires de ce fien deuancier : mulcta d'vne groffe amende les Nurfins d'Italie, de ce qu'ils auoient efcript fur le tombeau des guerriers, qui eftoient morts en la bataille de Mutine, ou Modene, E OS PRO LIBERTATE OCCVBVISSE, tant il auoit ce nom à contre-cœur,

Et au lieu d'iceluy, fucceda le nom de SEIGNEVRIE, lequel quoy que refufé par feintife, demoura neâtmoins foubs les plus Tyranniques de fa pofterité, iufqu'a ce que foubs Nerua, le Poëte, fe penfant affranchj d'effect & de parole, ofa mettre ce vers hardiment en lumiere,

Dicturus DOMINVM Deumque non fum;
Totú pilea farcinus redemit,
Reges & dominos habere debet,
Qui fe non habet, atque concupifcit:
Seruum fi potes Olle non habere,
Et regem potes Olle non habere.

De vray, le pauure Duc de Mofcouie ne fe pouuoit pas vanter de ce bon heur, *quod*

regem aut potiùs Tyrannum non haberet: puifque
le Prince des Tartares auoit telle feruitude
fur luy, que quand il luy enuoyoit fon fimple Ambaffadeur: Ce chetif Duc eftoit te-
nu d'aller au deuant de fa perfonne, luy of-
frir vn gobeau de laict de Iument (delices
des Barbares) & fi en beuuant, tomboit
quelque goute fur le crin du cheual, force
luy eftoit le lecher de fa langue. Mais quel
plaifir & contétement au grãd Duc Iouan,
quand en l'année 1481. fa valeur le fit deli-
urer de cefte Tyrannie?

Pour conclurre ce poinct: puifque nous
apprenons des hiftoires Grecques, que ce
peuple eftant venu à celebrer les foftes des
Nemeez: comme le Meneftrier commença
de voix & des doigts à chanter ce verfet:
IOVISSONS TOVS DE NOSTRE LIBERTÉ,
toute l'affiftance ietta les yeux fur Philopœmen, de la valeur duquel il attendoit le
recouurement & la deffence d'icelle.

Ie ne fçache homme & d'efprit genereux,
& nay dans vne patrie libre: qui ne doiue
volontiers donner vn coup d'œil au FESTV,
puis qu'il a feruy de perpetuel fymbole de
cefte franchife & manumiffion, qui auroit
garanty les paures Efclaues du ioug de fer
uitude. *Fides & libertas*, difoit l'Empereu

Galba, *præcipua animi bona* : il faut adiouster
& corporis quoque : pource que selon le dire
de Plaute,

Omni letho, omni exitio peior est seruitus:
Et quem Iupiter odit, hunc seruum facit.

Mais rompons ceste P A I L L E, selon le
commun dire, puisque c'est la coustume en
France de rompre son baston, quand on a
perdu Maistre: & parlons du S O R T, qui se
pratique au tirer du COVRT-FESTV.

Et premierement pour en recueillir quelques remarques de l'antiquité, on sçait que
les Gentils, *impares numeros ad omnia vehe-
mentiores credebant,* sur l'opinion qu'on a euë,
que le non-pair plaisoit à la diuinité.

De sorte que pour parallelle à nostre
COVRT-FESTV, les anciens prenoient la
coniecture des maladies du chef, *ex corona
similacis impari numero foliorum confecta.* Et
Valere Procille deliuré des mains des Alle-
mans, fit rapport à Cæsar, *ab ijs se præsente,*
T E R, en nombre inesgal, S O R T I B V S con-
sultum, vtrum igne statim necaretur.

Ie ne veux point à ce propos rapporter ce
qui est assez commun par la lecture d'Hò-
mere, que les Grecs ietterét au sort dans vn
heaume, pour sçauoir qui auroit l'honneur
du combat côtre Hector : n'y ramanteuoir

ce qui est vulgaire dans la Bible, que sur la
tempeste suruenuë au vaisseau des Nauton-
niers de Tharse, auec lesquels s'estoit em-
barqué le Prophete Ionas : *miserunt sortes,*
vnde hoc eis malum esset , *& cecidit sors super*
Ionam: comme entre les Apostres bien qu'a-
autre fin *super Mathiam.*

Cecy me semble plus rare, que rapporte
Plutarque , que c'estoit vne coustume à
Athenes, durant les festes des Muses, que
l'on portoit par la ville des S O R T S , & que
ceux qui se rencontroient, estoient con-
traints tirer, à qui demanderoit le premier
quelque question de lettres à son compa-
gnon.

Laquelle coustume semble auoir aussi esté
en la Sicile, puisque le mesme autheur ra-
compte, que les Orateurs de Syracuse, estás
véhus à tirer au sort des lettres, pour sçauoir
qui harangueroit le premier, la lettre M,
vint à Denis de Syracuse: & comme l'vn de
ses compagnons luy eust dit que cela signi-
fioit MAROTE: Mais plustost MONARQVE,
repliqua l'autre , & laquelle fortune luy aduint peu apres.

Ie ne puis omettre à ce propos, la question agitee dans le mesme Plutarque: pourquoy au rapport de Platon , l'ame d'Aiax

estoit venuë la vingtiesme au sort: surquoy
Lamprias se trouue auoir respondu, premierement comme par ieu, que c'estoit pource
qu'Aiax tenoit le second lieu en beauté
apres le grand Achille, de sorte que celuy-
cy auoit la premiere dixaine, & Aiax la se-
conde, qui faict le nombre vingtiesme.

Puis serieusement il adiouste, que le mot
ἔπιχον, audit passage, veut dire quasi ἔπιχον
comme en intention de demonstrer, que
ce n'est pas à la verité qu'il parle, ains plustost par coniecture & fiction: d'autant que
ce Philosophe a esté du nombre de ceux,
qui ont principalement entendu, comme
la fatale destinee, se ioinct & se mesle auec
la fortune, & auec nostre liberal arbitre.

En sorte qu'au lieu susdict, parlant de la
vaillance d'Aiax & de son infortune, il
monstre qu'elle puissance ez choses humai-
nes, a chascune de ces trois causes là: attri-
buant le choix & eslection de la vie, au liberal arbitre: & la cheute des Sorts, l'impu-
tant à la fortune, de laquelle Euripide les
dit estre les enfans.

N'estant au reste raisonnable de recher-
cher la cause de ce qui se fait fortuitement
& casuellement, par ce que s'il y auoit rai-

son au sort, ce ne seroit plus fortune ou cas
d'aduenture: ains quelque prouidence ou
fatale destinee. Voila le discours de ce Philosophe, auquel Horace ne s'accorde pas du
tout par ce vers:

———— *nemo quam sibi* SORTEM,
Seu ratio dederit, seu FORS *obiecerit, illa*
Contentus viuit.

Mais pour laisser ceste dispute, & en trai-
cter vne plus serieuse, la deffence de ne tenter Dieu, a faict remuer ceste question, de
sçauoir, s'il est permis aux Chrestiens de tirer au sort du COVRT-FESTV.

Surquoy ie voy que les Theologiens &
Canonistes, specialement sainct Thomas 2.
2. *quæst.* 95. article 6. & Alberic en sa somme
versic. superstitio quæst. 9. font trois especes
de sort, *aliam dicunt esse sortem consultoriam,*
aliam diuinatoriam, aliam diuisoriam.

Que si la premiere se prend pour vne re-
cherche de ce qui est bon & vtile, ou mauuais & dommageable, *sub ratione consily:* on
luy peut adapter ce vers pré-allegué d'Horace, SORTEM *quam ratio dederit.*

Et soubs icelle ie compren les sortitions
qui se faisoient des Magistrats, soit à Rome
ou ailleurs, & se pratiquent encores en plusieurs Royaumes & Republiques. Et de là
ceste

cefte grande contention dont parle Tite
Liue , *de* SORTIENDIS *more folito prouincijs:*
J'attribué auffi à cefte efpece , la Sortition
des Iuges , de laquelle nous auons retenu
le nom de RESSORT , pluftoft par l'ombre
du mot , que par l'effect.

Ainfi l'Argonaute Iafon , ayant refolu de
faire l'Ambaffade au nom de fa troupe , vers
Æetes Prince de la Colchide ,

> —— *qui fe comitentur ad vrbem,*

SORTE *petit, numeroque nouem ducuntur ab*
omni.

ainfi Didon dans Virgile , diftribuant les
officiers & intendans de la ville , nouuellement par elle edifiée,

> *Partibus æquabat iuftus, aut* SORTE *trahebat:*

bret ainfi dans le Poëte Bucolique Calpur-
nius , les Bergers Aftacus & Idas , voulans
fçauoir à qui chanteroit le premier , Thyrfis
effeu par eux arbitre , leur donna cet aduis,

> —— *ter quifque* MANVS *iactate* MICANTES,

> *Nec mora difcreuit digitis: prior incipit Idas,*

de là eft venu le Prouerbe , *Dignus qui cum*
IN TENEBRIS MICES , qui n'eft pas efloigné
du fort de noftre COVRT-FESTV.

Ie viens maintenant à la feconde efpece
nommée diuinatoire , autrement SORTI-
LEGE , vnanimement condamnée par tou

te l'Eglife Chreftienne, dont les Sacrez
Conciles, Hiftoires Ecclefiaftiques, Decre-
tales des Papes, & tant d'autres efcripts font
foy, que fi ie voulois icy m'eftendre par
parade, il y auroit moyen d'en faire vn iufte
volume.

Suffit pour le prefent de dire, qu'à bon
droiĉt l'Eglife Catholique, qui a deftruiĉt
la puiffance des Dæmons, & l'abus de l'Ido-
latrie Payenne, ha peu & deu condamner
cefte fuperftition, puis que les ceruelles
mieux compofees des Païens mefmes, l'ont
deteftée & iugée griefuement puniffable.
QuinteCurce l'appelle, *non artem, fed vaniffi-
mi cuiufque ludibrium.*

Didon pour cefte caufe dans Virgile re-
congnoift,

— — — *inuitam magicas fe accingier artes:*
& dans Lucain, quel blafme à Sexte Pom-
pee d'y auoir eu recours?

Sextus erat magno proles indigna parente,
Qui mox fcyllæis exul graffatus in vndis,
Polluit æquoreos Siculus Pirata triumphos:
Qui ftimulante metu fati præ nofcere curfus,
Impatienfque moræ, venturifque omnibus
æger,
Non tripodas Deli, non Pythia confulit antra,
Aut fi quid tacitum fed fas erat, ille fupernis

Detestanda deus sæuorum arcana Magorum
Nouerat, & tristes sacris feralibus aras,
Vmbrarū Ditisque fidem, miseroque liquebat
Scire parum superos, vanum sæuumque furo-
rem
Adiuuat ipse locus, vicinaque mœnia castris
Æmonidum: ficti quas nulla licentia monstri
Transierat. QVARVM QVICQVID NON
CREDITVR ARS EST.

De mesmes le Poëte Statius, estant venu
à discourir en sa Thebaide, comme les De-
uins Melampus & Amphiaraus, auoient
consulté les oiseaux, & recherché toutes
autres especes de diuinations, pour sçauoir
l'euenement de la guerre Thebaine: par vne
horreur de chose si detestable, s'est ietté
auec autant de vehemence, que de verité,
sur ceste Epiphoneme ou exclamation.

―――― VNDE *iste per orbem,*
Primus venturi miseris animantibus æger
Creuit amor? diuûmne feras hoc munus, an ipsi
Gēs auida, & parto: non vnquam stare quietæ,
Eruimus quæ prima dies, quis terminus æui,
Quid bonus ille deûm genitor, quid ferrea Clo-
tho.
Cogitet, hinc fibræ, & volucrum per nubila
sermo.
Astrorūque vices, numerataque semita Lunæ.

Theffalicumque nefas. AT NON PRIOR
AVREVS *ille*

Sanguis Aeuùm, scopulisque sata vel robore
gentas

Mentibus hoc aufae, syluas amor vnus, hu-
mumque

Edomuisse manu: quid craftina volueret aetas,

Scire NEFAS *homini: nos prauum ac debile*
vulgus,

Cruxamur penitus superos: hinc pallor & ira,

Hinc scelus, insidiaeque, & nulla modeftia
voti.

Or a ceste superftitieuse diuination ie
rapporte ce qu'escript Pline, de nos vieux
Gaulois: *eos verbenaca* SORTIRI *solitos fuisse,*
& praecinuisse responsa: ce que les Romains
traictent de leurs SORTS PRENESTINS,
fameux sur to° les autres: & lesquels estoiét
de morceaux de bois, marquez de quelques lettres, le tout enueloppé de petites
bandelettes appellees TAENIAE, d'où Lipse
au lieu ou nous lisons *extenuatas* SORTES,
a remis EXTAENIATAS SORTES.

C'estoit le cómun refuge de toute Rome:
& l'histoire du païs rapporte entre autres
de Domitian: que ceste fortune Prenestine,
ayant tousiours auparauant accoustumé de
luy enuoyer des SORTS, de bonne encon-

rte, luy en fit fortir de mal-heureux, fur la
fin de fes iours.

Mais on dit qu'Augufte Cæſar l'vn de ſes
deuanciers, auoit tous les matins couſtume
de prendre garde, ſi le ſoulier de ſon pied
droiɛt ou gauche, luy venoit le premier en
la main. Tybere *pro* SORTIBVS *talos in Apo-*
num coniyciebat, & le ruſtre Heliogabale (car
ainſi aimé ie mieux appeller cet opprobre,
que du nom d'Empereur) SORTES *in Co-*
chleari ſculptas ad omnia adhibere ſolebat.

Pauſanias eſcript en ſes Arcadiques, que
dás vne grotte dediée à Hercule Buraique,
Oraculi SORTES, pour vſer du texte de l'in-
terprete, afin qu'il ſoit intelligible à tous,
capiebantur ex tabella per TALOS. Ceux qui
venoient conſulter l'oracle, apres auoir fait
leurs prieres, & declaré leurs vœux deuant
l'Image, iettoient quatre dez ou oſſelets ſur
la table, & rapportans les marques des vns
à ceux qui eſtoient grauez ſur icelle, appre-
noient par là, leur bonne ou mauuaiſe aduenture.

Si les Arcadiens iettoient au fort auec des
oſſelets, les Scythes le faiſoient *virgis ſalignis*
ſigillatim compoſitis: Et plus approchant de
noſtre COVRT-FESTV. Cardan eſcript au
liure *de rerum varietate*, que les Alexandriens

d'Italie, voulans ſçauoir ſi l'année ſera ſteri-
le ou plantureuſe, le premier iour de Ian-
uier, tirent au ſort douze GRAINS DE BLE',
ballaient le foïer, & font vn petit feu aupres.

Le preparatif ainſi accommodé, ils prennent vne petite fille, luy font tirer le premier grain des douze, pour le mois de Ian-
uier: le ſecond, pour le mois de Feburier : &
ainſi côſequemment des autres. Puis prennent garde, ſi le grain demoure entier, ou
ſe conſomme du tout : car le foïer eſt encores chaud, auſſi qu'il y a du braſier ardant
aupres : S'il demeure, c'eſt ſigne que le bled
ſe tiendra en ſon prix, s'il ſe conſomme du
tour: ſigne de grande cherté, ſi pour partie,
d'vn dechet mediocre.

Mais pour conclure ce poinct du SORT
DIVINATOIRE, ie penſerois faire faute, d'oublier celuy dont parle Ammian Marcellin,
duquel commencement fut ſi hazardeux,
& l'iſſuë comme d'ordinaire ſi triſte & ſi
funeſte.

Le diſcours en eſt long, mais en ſommaire, ſoubs l'Empire de Valent, Patritius, &
Hilarius, perſonnages illuſtres, ennuiez de
la domination cruelle d'iceluy, eurent cu-
rioſité de ſçauoir qui luy ſuccederoit, & ſi

le changement leur pourroit apporter pis
ou mieux.

Heu ſacri vatum errores ! dum numina noĉtis
Eliciunt, ſpondētque nouis medicamina curis.

A ce deſſein donc ils dreſſerent vne courtine de verges de Laurier, à la forme du
trepied de l'Oracle de Delphes, & par pluſieurs charmes prononcez de nuiĉt & de
iour, firent que la table ronde enuironnee
de ladite courtine, tournoit & ſe mouuoit,
ſelon qu'ils en auoient beſoin.

Au milieu de ceſte Courtine, apres l'auoir
parfumee d'encens, ils pſoerent vn grand
baſſin, faiĉt de diuers metaux, à la roton-
dité des bords duquel, eſtoient ſeparement
grauees les vingt-quatre lettres de l'Alpha-
bet.

Sur ceſte courtine ils firent marcher vn
ieune homme veſtu de blanc, & couronné
de verueine, tenant en main vn anneau
pendu à vn filet Carpathien, lequel anneau
auec pluſieurs enchantemens & murmures
Magiques, venant à tomber ſur chaſque
lettre, rēdoit vn tinniſſement qui eſclatoit
comme vn vers Heroique.

Tellement qu'alors s'enquerans qui deuoit porter le ſceptre apres le treſpas de
l'Empereur Valent, l'anneau treſſaillant

vint à toucher deux lettres T. H. de forte
que l'vn des affiftans s'efcria, que ce feroit
vn nommé THeodore, qui auoit lors grande authorité, & grande vogue en Cour.

On leur demanda s'il ne leur auoit efté
predict autre chofe EX FIDE SORTIVM *quas*
apitabant: ils refpondirent, qu'à la fin leur fut
dit, que leur diuination leur coufteroit la
vie: mais que peu de temps apres, leur mort
feroit vangee.

Οὐ μὲν ἀπ'μκτόν γε σὸν ἔσεται αἷμα, ἢ αὐτοῖς
Τισιφόνη βαρύμηνις ἐφοπ'άος ᾇ κακὸν οἶτον.
Ἐν πέδ'οισι μίματος ῥ̔αγομένοις κάρ.

L'euenement de quoy fit recongnoiftre
ce fort pour doublement trompeur:

> *Vt ambage flexa Delphico mos eft Deo*
> *Arcana tegere.*

car ce fucceffeur ne fut pas THeodore, bien
que ce fort en euft monftré les deux premieres letrres: mais ce fut Theodofe.

En apres ce mefme fort ayant predict que
l'Empereur Valent, periroit dãs les champs
de Mimas : & pour cefte caufe ayant touf-
iours euité par luy, la montagne Mimanti-
que, fize en l'Afie, fur la ville Erythree.
Neantmoins il mourut en autre endroict:
mais comme on vint a y foüiller, on trouua
vn fepulchre graué de lettres Grecques, qui
faifoit

faisoit entendre que c'estoit le tombeau de Mimas.

Voila comme se trompent ceux, qui ont recours aux sortileges du pere de mensonge. Et neantmoins la superstition en estoit si commune au temps du susdit Marcellin, qu'à son dire, *delicatuli Nobiles Romani, ne pedem quidem mouissent, nisi priùs cõsulto Ariolo, an signum esset sub Saturno, vel sub Venere.* Mais puis qu'ils s'y abusoient les premiers, estoit-ce pas vne iuste punition de leur folie, & curiosité?

> *O semper tacitas* SORTES *ambage maligna,*
> *Euentúque patens, & noxia vatibus ipsis*
> *Veri sacra fides.*

Ie passe donc à la troisiesme espece du Sort appellé diuisoire, & de là le mot Grec CLEROS, aussi loisible, que la premiere espece appellée consultoire. Car par nos loix, elle est authorisée, specialement pour le fait des partages, *l. si quæ sint cautiones ff. famil. ercisc. & l. si duobus. C. Communia de legat.*

Vray est que selon l'vsage practiqué entre Abraham & Loth, on a retenu en plusieurs endroicts la coustume, que le maieur partage, & le mineur choisit: comme il y en a vn article expres en la coustume du Niuernois, au cas qu'il n'y ait qu'vn consort. Tout

R

tesfois la plus commune vfance eft en pratique, *vt* SORTI *res committatur:* comme le
decide par expres ladicte couftume, quand
il y a plufieurs conforts, & Anjou y eft for-
mel, en l'article 281.

Donc pour refouldre cefte longue difpu-
te: fi le COVRT-FESTV, eft tiré au fort
felon la deuxiefme efpece propofée, c'eft
vne faute lourde & reprehenfible, fi pour
la premiere appellée confultoire, ou pour la
derniere qualifiee diuifoire, entant qu'elle
ne tend qu'à bien, elle eft libre & licite.

Quod fortuna ratum faciat, quis dicere falfum
Audeat? & tătæ fuffragia vincere SORTIS?

Mais pour ne laiffer du tout ce difcours
fans y donner quelque nouuelle atteinte,
puis qu'il refte encores quelque chofe à re-
marquer deffus: Quel oracle d'Apollon, du
trepied de Delphes, des chefnes Dodo-
neans, de la grotte de Trophon, d'Hyampe
ou de Permeffe, & quel apophthegme des
fept fages de Grece, contenant vne inftru-
ction pour la regle de la vie: peut eftre com-
paré à cet oracle des oracles, à ce Verbe
eternel, & à cefte belle remonftrance par
luy faicte dans la fainte Euangile? *Quid vi-*
des FESTVCAM, *in oculo fratris tui, & trabem in*
oculo tuo non vides? Aut quomodo dicis fratri

tuo: *Frater, sine eijciam* FESTVCAM *de oculo tuo,*
& ecce trabs est in oculo tuo: *Hypocrita primum*
eijce trabem de oculo tuo, & tunc videbis eijcere
FESTVCAM *de oculo fratris tui?*

Par ceste belle sentence tiree du F E S T V,
void-on pas comme nostre Seigneur a voulu blasmer la malitieuse curiosité de ceux,
qui pretendans scandaliser leur prochain,
pour quelque petite bube qu'il peut auoir
au visage: taschent à dissimuler les chancres
& vlceres dont ils sont infectez? ou pour
vser des termes de S. Iehan Chrysostome,
βαϐαι ἠλίκόν ἐϛι κακὸν περιελλἐι τὰς ἄλλων
τὰς σηπεδόνας;

Sainct Basile en l'Homelie περὶ φθόνου les
comparoit aux vaultours, & aux mousches
tout ensemble: Les vaultours fuient ce qui
sent bon, & suiuent les cadaures, les mousches ne s'arrestent aux membres sains & entiers, ains à ceux qui ont ia quelque corruption, ὅι γύπες πρὸς τὰ δυσώδη φέρονται, ϗ ἂ
μῖλαι τὸ μὲν ὑγιαῖνον περιτῇ ἔχουσι, πρὸς δὲ τὸ
ἕλκος ἐπείγονται.

Et au mesme propos Rabi Eliezer, souloit
dire en l'ancienne Synagogue, que l'enuie
& la curiosité d'espier les actes de son prochain, exterminoit vn homme to ren en vie,
du nombre des viuans: A quoy peut reue-

nir de bonne grace ce que souloit dire vn
Payen, OCVLOS *quibufcunque* LONGI SVNT,
maleficos effe indicare, *nam nemo curiofus quin
fit idem & maleuolus.*

Defortе que ce fut vne belle remonſtrah-
ce d'Omalus, à l'Empereur Antonin le
pieux, lequel eſtant par plaiſir allé voir la
maiſon d'iceluy, comme il vint curieuſe-
ment à s'enquerir d'où auoient eſté ame-
nées les coulomnes de Porphyre, & autres
enioliueures qu'il trouuoit ſi belles & ag-
greables, Omalus luy reſpondit aſſez bruſ-
quement ou familierement: CVM IN DO-
MVM ALIENAM VENERIS, ET MVTVS ESTO
ET SVRDVS: *id ille patienter tulit.*

Le ſemblable auſſi peut eſtre obiecté à
ceux qui retenans de l'humeur des Lamies,
chauſſent leurs yeux pour penetrer iuſqu'au
cabinet interieur, de la maiſon corporelle
de l'homme: & dedans la leur, ce ne ſont que
tenebres:

Cum tua peruideas oculis mala lippus inunctis,

Cur in amicorum vitiis tam cernis acutùm?

Quàm aut Aquila, aut ſerpens Epidaurius?

Et Martial de meſmes, par vn Epigramme
auſſi naif, que plein de pointes aiguës:

———Olle quid ad te

De cute quid faciat ille vel ille ſua?

Illud diſſimulas ad te quod pertinet, Olle:

Quodque magis curæ conuenit eſſe tuæ:

Vxor MOECHA *tibi eſt, hoc ad te pertinet Olle.*

C'eſt dònc le pant du deuant de ſa robe,
ſur lequel on doit ietter ſa veuë, & non re-
garder la bezace pendante par derriere,
Partant eſt bien à loüer celuy qui diſoit, ſoit
par vanterie, ou pour ſe garder de meſpren-
dre. *Nunquã ſtudui malefacta cuiuſquam cognoſ-
cere, ſed ſemper potius duxi peccata mea tegere,
quàm aliena indagare.*

D'où l'on peut colliger que c'eſt vne ſain-
te & ſalutaire parabole, que noſtre grand
Maiſtre a voulu tirer du FESTV, lequel il a
honoré de la prolation de ſa bouche; pour
empeſcher de cheoir au piege, auquel tombent ceux qui eſgarent leur veuë ailleurs, &
n'ôt le ſoing de prendre garde à leurs pieds.

Cernis adhærentem FESTVCAM *in lumine
fratris,*

Nec tamen in proprio tignum cõſiſtere ſentis;

Atque oculum prius alterius purgare laboras?

Deripe ſed proprio fallax de lumine Tignum,

Tum minimam alterius curabis demere ARI-
STAM.

Or apres ce beau precepte, ſeruant à mettre du fer maillé, & du verre dormant au
deuant de la veuë de l'œil trop curieux, ap-

pellé par Pindare ὀξύτατον ὄμμα : la fuitte &
alliance ou par maniere de dire la confar-
reation de la matiere femble me conuier, à
faire entendre, comme vne autre belle fimi-
litude tirée du Coigne-Festv, nous peut
exhorter à la patience contre toutes tribu-
lations, & griefues aduerfitez.

On nous a rapporté pour vn memorable
exemple de conftance, de ce que le Philo-
fophe Anaxarchus eftât pilé dans vn mor-
tier, par le commandement du Tyran de
Cypre Anacreon: d'vne refolution eftran-
ge, il dit à fes bourreaux. Tvndite *follem*
Anaxarchi; *nam Anaxarchum ipfum non tû-*
ditis. Hé ne void-on pas auffi fruftratoire
la peine que prend le Coigne-Festv?

Car ce Festv luy fait pareille refiftance,
& fe monftre muny de mefme fermeté, que
ce Firmius Saturnin, lequel Vopifque nous
reprefente pour auoir eu les nerfs & muf-
cles fi prodigieufement roides & refferrez,
& le corps fi robufte: qu'il enduroit vne en-
clume fur fon eftomach, & trois ou quatre
martelans à bon efciant deffus, luy demy-
renuerfé & penchant fur fon dos : *incudem*
(dit il) *fuperpofitam pectori, conftanter aliis tun-*
dentibus perferebat, cum ipfe reclinis & refupinus
nô curuatus in manus pêderet potius quàm iaceret.

En quoy ce Firmius Saturnin semble
auoir peu supporter de son corps, ce que S.
Ignace vouloit attribuer à la constance &
fermeté de l'esprit, côtre le heurt de toutes
afflictions, quand il r'escriuoit à S. Poly-
carpe, qu'il se tinst roide côme vne enclu-
me: & que d'estre battu, d'estre martelé, &
ne point s'applatir, c'estoit à faire à vn courage totalement genereux, ϲῦθι ἑδραῖος ὡς
ἄκμων τυπλόμλυος: μεγάλου ἐϲιν ἀθλητꝰ δέρεϲϑ
χαὶ νικᾶν, μάλιϛα δ'ἕνεκεν θεῦ πὰιζα ͺτωρμλυϐ
ἡμᾶς δῖι, ἵνα χαὶ αὐτὸς ἡμᾶς ἀναμείνη εἰς τλὺ βα-
σιλείαν.

Laquelle leçon est generale & vniuer-
selle pour tous les gens de bien, qui sont vi-
sitez en ce monde de la verge paternelle de
Dieu, afin qu'il leur en donne le loyer & la
Couronne en l'autre. *Tribulatio patientiam*
operatur disoit S. Pol, *patientia probationem, pro-*
batio spem, spes autem non confundit.

Autrement seroit-ce vne grande lasche-
té de faire ce que disoit Hippocrate, porter
sa robbe pure & lauée en hyuer, sordide &
crasseuse en esté : c'est à dire pendant la tri-
bulation monstrer quelque apparence de
bien, & en vn têps de prosperité se veautrer
dans le vice, veu qu'il est plus seant de garder vne esgalle teneur de vie en l'vn & l'au-

tre, *æquam rebus in arduis feruare mentem non
secus in bonis*, voires en aduersité monstrer
plus de constance *& contrà audentius ire.*

Car les racines des arbres ne prennent
leur consistance que par l'assiduelle agita-
tion & secousse du vent, *& quæ non pertule-
runt hyemem, non ferre dicuntur fructum.* Cause que les Nomades desireux d'accroistre
leurs forces par ceste patience, *brachia sibi
& humeros exurunt, ut humorem & mollitiem
exinaniant.*

Estant a faire à vn cœur lasche & pusilla-
nime de ressembler à ces Alces de la forest
Hercyniénne, qui ont les entre-nœuds &
ioinctures des pieds si peu facilemét duisi-
bles & maniables, que depuis que ces bestes
sauuages, sont vne fois tombees par terre,
elles ne se peuuent iamais plus releuer.

Mais il y a bien plus d'apparence d'imiter
la generosité de ce Lion, *qui oculorum aciem
traditur defigere in terram, ne venabula expauef-
cat:* ou de paroistre en sa cheute comme ce
colosse Rhodien, *qui etiam iacens miraculo
fuit,* ou se rendre solide comme ce verre
malleable, qui accueillit la haine de Tybere contre l'autheur d'iceluy, mais dont la
perte sera pour tousiours regretable.

Ponamus nimios gemitus, flagrantior æquo,
                                        Hor.

Non debet dolor esse viri, neque vulnere maior.

Car puis que la trame de noftre vie se de-
uide foubs cefte deftinee, qu'elle eft fubie-
cte à vn perpetuel tournoiemeut, tantoft
du bien au deffus, tantoft du mal au deffoubs, ou de l'vn & de l'autre à l'enuers: ne
plus ne moins que ces mignons pourprez,
lefquels Heliogabale attachoit à des rouës,
ou que ce Pertinax, appelé P r t æ L v d v s.

L'vnique precautiou eft de fuiure en cela
le confeil que donnoit Caton, en l'oraifon
pour les Rhodiens: *videre ne nimia felicitas
confilia corrumpat.* Pource que la profperité
a de couftume d'apporter vne malacie ou
degouft, qui l'empefche de fe cuire ne dige-
rer foy-mefme.

Luxuriant animi rebus plerumque fecundis,
    Nec facile eft æqua commoda mente pati.

Et au contraire quand le Boree vertigi-
neux de l'affliction, trouble tout ce repos
que l'on s'eftoit promis, foubs-riant la bon-
naffe: la neceffité nous doit reduire à practi-
quer ce remede du vieil Poëte, *edulcare vitam, curafque acerbas fenfu gubernare:* pource
que la patience allege le mal, autrement ineuitable.

Quemcumque miferum videris: hominem fcias,
Quemcunque fortem videris, miferum nega.

Confideré que la vertu fe parfait en l'affliction, & que tout ainfi que plus la nuë
f'oppofe aû Soleil, il iette fes rayons au
trauers plus ardàns, de mefmes l'induftrie &
fuffifance de l'homme, fe faict dauantage
paroiftre és chofes plus difficiles:

Hectora quis noffet, felix fi Troia fuiffet?
Publica virtutis per mala facta via eft.
Ars tua Typhi iacet, fi nõ fit in æquore fluctus,
Si valeant homines, ars tua Phœbè iacet.
Qua latet, inque bonis ceffat nõ cognita rebus,
Apparet virtus, arguiturque malis.

Voyla donc le mirouer, ô hóme! fur la gla-
ce duquel tu doibs ietter les yeux: d'autant
que quelque Microcofme que tu fois, quoy
que la grandeur de ton courage d'vne main
embraffe l'Orient, de l'autre l'Occident,
que des pieds tu foules la mer & la terre, &
efleues ton chef iufqu'aux aftres du Ciel: fi
eft-ce qu'en effect, tu n'es rien qu'vn FESTV:
& le Patriarche Iob l'a recogneu ainfi en
fes afflictiõs, addreffàt à Dieu cefte parole:
QVARE *leuem* STIPVLAM PERSEQVERIS?
L'vn apres plufieurs fatigues & trauerfes
& apres long laps de temps, fort de la terre,
comme vn petit tuyau: L'autre d'vn corps
terreftre apres infinis trauaux, naift comme
vn vermiffeau: L'vn par apres iette l'efclat

de sa verdure, & puis de sa dorure, & en ceste splendeur tombe soubs la faucille: L'autre de degré en degré monte à la fleur de
son aage, cóçoit de grands desseins, & hautes entreprises ; puis quand il pense estre au
millieu de ses prosperitez, seche comme du
foing, & chet à la renuerse:

Quos felices Cynthia vidit,
Videt miseros abitura dies:

Rarum est felix, idemque senex.

Et c'est ceste secrette disposition de la vi-
cissitude des affaires du monde , laquelle
Hesiode sagement attribue au conseil du
grand Dieu, non point aux accidens de l'a-
ueugle fortune,

---- διὸς μεγάλοιο ἕκητι
Ῥεῖα μὲν γὰρ βριάς, ῥέα δὲ βριάοντα χαλέπτς,
Ῥεῖα δ' ἀείζηλον μινύθε, ἢ ἄδηλον ἀέξι,
Ῥεῖα τ' ἰθύνῃ σκολιὸν, καὶ ἀγήνορα ΚΑΡΦΕΙ.
Ζεὺς ὑψιβρεμέτης, ὃς ὑπέρτατα δώματα ναίει.

Ce haut tonát (dit il,) qui a son Throsne
sur la vouste des Nuës , tantost exalte vn
homme, & tantost le deprime , tantost le
rend insigne, tantost vil & infame: tantost
releue l'humble, καὶ ἀγήνορα κάρφει, c'est à
dire, & quand à l'orgueilleux, le faict deue-
nir Festu; car le mot κάρφει denóte cela,

pource ce que κάρφος en vient, qui en Grec
signifie vn FESTV.

Ne vous estonnez donc point, si ayant
iusqu'icy magnifié sa gloire, maintenant
par vne côtraire Palinodie, vous me voyez
noter sa tare & son dechet : car tel est le re-
uers des grandeurs de ce monde, c'estoit dit
Philon le Iuif, ce que signifioient les Che-
rubins aux æles entre-lasseez : Et entre les
Païens, *Nemesis traditur regina causarum &*
arbitra rerum, hæc disceptatrix, vrnam sortium
têperat, accidentium vices alternans, voluntatum-
que nostrarum exorsa, interdum aliò quàm quò
contendebant exitu terminans, multiplices actus
permutando conuoluit.

Aussi n'est-ce pas là le cômun subiect de
toutes les clameurs, dont resonnent les es-
chaufaults des Tragedies, tant anciennes
que nouuelles ? Où sont tous ces puissans
Empires, ces villes superbes, ces Princes
belliqueux, & tous ces mignons de fortune,
dont la gloire a passé comme vn esclair : &
le nom gist maintenant enseucly ez abys-
mes de la terre ?

   Quid regna tui clara parentis,
   Proauosque tuos respicis amens ?
   Fugiat vultus fortuna prior.

Hé qu'elle pitié, que ceste teste de Pom-

pee, qui auoit esté portee en triomphe par
l'Asie, faicte d'or luisant, & toute couuerte
de rubis, diamans, saphirs, escarboucles,
perles & chrysolithes : que ceste mesme
teste, ou le vray moule d'icelle peu de iours
apres, ait seruy d'vn tronc à joüer à la boule
sur la riue d'Ægypte ?

N'est-ce pas donc la vanité du monde, laquelle l'effigie de Sardanapale demonstroit
par la clique de ses doigts ? Sardanapale aussi
mauuais maistre d'icelle durant sa vie : qu'v-
tile en cela, & bon apres sa mort ? Car la mi-
lice de nostre vie est-elle pas campee comme celle de Spartacus sur le bord d'vn Lac,
dont l'eaüe pour peu de temps est douce, &
pour le plus amere ?

Oyez ce grand Hercule, ce grand don-
teur des monstres :

——— *Sanguis hunc Nessi opprimit,*
Qui vicit ipsas horridi Nessi minas,

& apres que ceste foible despoüille l'a reduit à la mort, que reste helas ! d'vn Heros
si puissant ?

Timete superi fata, tam PARVVS CINIS,
Herculeus est : huc ille decreuit Gigas.

Mais qui ne pastit d'effroy, & ne rougit
tout ensemble de honte auec le victorieux
iadis, puis vaincu Annibal ; quand il le void

par l'enuie du destin reduit a faire cette hū-
ble harangue au ieune Scipion ; *Nescio v-*
trum LVDIBRIVM *Hoc, fortuna, an casus de-*
derit, vt cum patre tuo consule ceperim arma, cum
eodem patre signa contulerim, ad FILIVM INER-
M IS *veniam ad petendam pacem?*

D'autre part qui n'entre en horreur &
indignation extreme, de voir qu'vn Verres
monstre de tous vices, & digne de cent as-
sauts de l'aduerse fortune, soit seul demeuré debout, tandis qu'il auroit veu la cheute
des patrices de Romme, & les principaux
d'iceux ses ennemis? C'est Lactance qui m'a
donné le motif de cet estonnement. *Verres*
qui stantibus cæteris solus cecidisse videbatur: ca-
dentibus cæteris, solus stetit:nec ante a Triumuiris
proscriptus mortuus est, quam solatium de vltione
Ciceronis cepit.

En cela donc recongnoist-on les premiers effects de cette Nemeze cy dessus
d'escripts par Mardellin, touchāt le flux al-
ternatif ou des grandeurs abbaissees, ou des
bassesses releuees.

Miscet has illis, prohibetque Clotho
Stare fortunam, rotat omne fatum.
Nemo tam Diuos habuit fauentes,
Crastinum vt possit sibi polliceri;
Res Deus nostras celeri citatus

Turbine versat.

Quand à ce que le mesme Marcellin ad-ioufte, que certe Nemeze porte ordinaire-ment les defseins & entreprifes des hom-mes, tout au rebours de leur but, & loing de leur penfee: qui euft dict à Cleomenes, que la grãd ioye qu'il demenoit de la deffaicte d'Antigone, luy euft caufé la fiéure dont il mourut foudain.

Qui euft reuelé à Lucius Verus, que fon char triomphal deuft eftre fon tombeau? & qu'au milieu de fes lieffes, feftes, & ma-gnificences, parmy la dilatation de fon cœur, vne fubite apoplexie luy d'euft ferrer la gorge, fuffoquer l'eftomach, & le faire cheoir au fepulchre?

Mais qui euft penfé que la valeureufe Ze-nobie deuft eftre menée captiue à Rome? & par la mefme porte, par laquelle elle fe promettoit d'y entrer couronnée de Lau-riers, & enflée de victoires? Hé quoy de tãt d'autres Princes & Monarques, defquels cefte Aigle triomphante a foulé le faft & l'orgueil foubs fes pieds?

Mais en eut elle à la fin meilleur marché, que ces autres eftats par elle fubiuguez?

O dirum exitium mortalibus! ô nihil vnquã
Crefcere, nec magnas patiens exurgere laudes

Inuidia, euerfam iampridè exfcindere gentem,
Atque æquare folo Romam ipfam potuit.

De forte que S. Hierofme fe plaignoit de fon temps, que cette illuftre ville, *Orbis & orbis effet fepulchrum, clarissimum enim terrarum omnium lumen, exstinctum esse, imò Romani imperij truncatum caput, & vt veriùs dicam, in vna vrbe totum orbem interijsse.*

Puis il adioufte, chofe lamentable à luy, & à prefent encores à nous horrible: *Occidentalium fuga, & locorum sanctorum constipatio, nuditate atque vulneribus indigentium rabiem præfert barbarorum. Quod abfque lachrymis (dit-il) & gemitu, videre non poffumus, illam quòdam potentiam & abundantiam, ad tantam inopiam peruenisse: vt tecto, cibo, & veftimento egeat.*

Mais fans voguer plus auant a pleines voiles, fur ce large Ocean qui n'ha ny fonds ny riue: voyons fil y ha point pareille inconftance ez mœurs & humeurs des plus grãds perfonnages? & fi tel ha pas vertueufement fillonnë toute la mer de fa vie, qui par vn defaftre effroyable vient faire naufrage au port.

Iniqua rarò maximis virtutibus
Fortuna parcit: nemo fe tutò diu
Periculis offerre tam crebris poteft,
Quèm fæpe tranfit cafus, aliquando inuenit.

Les Theologiens representent sur ce sub-
ié& le malheur de nostre premier pere, for-
mé de la main de Dieu mesme, & nean-
moins decheu de la grace si tost. Qu'elle pitié de voir choper Moyse aux eaux de con-
tradiction? ouï ce grand Moyse, Conseil-
ler de la mesme diuinité? Dauid, Salomon,
& tant d'autres, romberont ils pas soubs
mesme categorie? *Quantò sublimior ascensus,*
(disoit S. Hierosme,) *tanto lapsus periculosior.*

Pour reuenir donc à nostre pauure Iob,
auoit-il point subict, recognoissant par luy
la foiblesse de l'homme, & considerant
d'autre part la rigueur de la Iustice de Dieu,
de luy faire ceste plainte & exclamation?
Quel plaisir prenez-vous a faire la guerre à
vn Festu? QVARE LEVEM STIPULAM PER-
SEQVERIS?

O doctrine salutaire pour nous humilier,
& par ceste humilité atteindre au degré de
nostre perfection. Pithagore souloit admo-
nester ses disciples de se batter contre terre
quand ils oyoient tonner. Les anciens ro-
niques retournans ioyeux
on souloit donner
boire: & à quelque
faisoit aualer de la
sainct (dit Pline)

Souuienne-toy donc ô homme, parmy tes pompes & bombances, que tu n'es rien que CENDRE. *Memento te stipulam esse:* Represente toy, que tu n'es qu'vn FESTV, abiect, vil, & côtemptible comme luy: consequemment s'il t'aduient quelque persecution, pren le signal qu'Antonin le pieux, donna mourant à son grand Chambellan, *Signum æquanimitatis.*

Roidis-toy à l'encontre, & combats sur ceste Mer de miseres, de mesmes que Sextus Pompeius, contre Auguste Cæsar, *nauibus ex Vtribus factis*, auec l'humilité de ta peau imbecille, de peur que l'orgueil ne te face faire naufrage: *Ne forte submergaris.*

Ce fut, ainsi que l'escript Velleius Paterculus, ce qui donna le principal subiect de consolation à Caius Marius, estant decheu du faiste de ses honneurs, & reduict à viuoter dans vn petit casot, assis au millieu des ruines de Carthage: *Cum hic aspiciens Carthaginem, illa intuens Marium, alter alteri essent solatio.*

Il y a plus que le cautere de ceste affliction, est salutaire à l'homme, *nocumenta documenta*, afin d'expier par icelle, ce qu'il a contracté de macule terrestre, & pour n'auoir ceste peine & ce mal-heur, comme di-

foit vn Empereur de Conftantinople, de
prefenter fon front à Dieu, marqueté comme vn efclaue des poinctes du peché.

Et les Païens quoy que mal informez du
vray fruict de l'eternelle beatitude, l'ont eux
mefmes voulu remembrer par le bufcher
d'Hercule:

Vultur petentis aftra, non ignes erant.

& d'autre part ont faict fubmerger Ænée,
afin d'eftre nettoyé de fes taches, auant que
d'eftre infcript au Catalogue des Dieux.

Sa mere (dit le Poëte) commanda au
fleuue Numicius,

———— Ænee quæcunque obnoxia morti
Abluere, & tacito deferre fub æquora curfu.
Corniger exequitur veneris mandata, fuifque
Quicquid in Ænea fuerat, mortale repurgat.
Et refperfit aquis, pars optima reftitit illi:
Luftratum genitrix diuino corpus odore
Vnxit, & ambrofia dulci cum Nectare mifta,
Contigit os, fecitque Deum quem turba Qui-
rini,
Nuncupat indigetem, templaque arifque re-
cepit.

Et quoy que ...... en p............ ...
Gentils efclaircis ... ...
ture: ont eu ... .
guife pour ... .

ez champs ou la pure pureté faict son propre sejour ? entre les astres & clairs & lumi-
neux ?

Ainsi le disoit Tertullian, & que les afflictions de la vie presente, preparoient le
chemin à ceste purgation. *Miserum est secari,*
& cauterio exuri, & pulueris alicuius mordaci-
tate anxiari : tamen quæ per insuauitatem meden-
tur, & emolumento curationis suæ offensam excu-
sant, & præsentem iniuriam superuenturæ vtili-
tatis gratia commendant.

Donc quand le Poëte nous escript que
lors que les Pasteurs celebroient la feste sa-
crée à leur patrone, leur Deesse Pales : ils
faisoient de grands brandons de pailles &
FESTVS, autour desquels ils faisoient trois
tours, comme nous faisons encores autour
des nostres.

  Cum madidus Baccho sua festa Palilia Pastor
    Concinet, à stabulis tunc procul este lupi.
  Ille leuis stipulæ solennes potus aceruos,
    Accendet flammas transilietque sacras.

Et cet autre venant à mesme rencontre :

  Cum pius Arcitenens accensis gaudet aceruis,
    Exta TER *innocuos latè portare per ignes:*

quand le Poëte encores vn coup propose
ceste feste ioyeuse, mais en laquelle les
PAILLES ET FESTVS sont consommez

au feu : sçache que c'est le symbole & la figure de la ioye & liesse que nous deuős auoir, quand le feu de persecution repurge nostre ame icy bas, pour la presenter à Dieu, nette & purifiée là haut, ou ne peut rien entrer entaché de soüilleure.

Cause que Rabi Iaacob se trouue auoir dict sainctement, dans le liure des Apophthegmes des Peres, qu'vne petite heure de ce siecle, en laquelle l'homme amende sa vie, & fait de bonnes œuures, vaut mieux que toute la vie des siecles à venir : & à l'opposite qu'vne petite heure de rafraichissement en l'autre monde, vaut mieux que la continuelle prosperité d'vne longue vie parcourue icy bas.

Mais quiconque l'aura conduicte par le chemin de vertu & d'honneur, sans diuertir à droicte n'y à gauche : doit attendre vn loyer, mille fois plus insigne, mille fois plus precieux, mille fois plus aggreable, que ces douze cens quatre vingts deux couronnes, que receut le Chartier de l'Empereur Caracalle, pour auoir bien seu garentir de se destourner de la butte, sainbre aux yeux des cenfes.

Sinon : & que

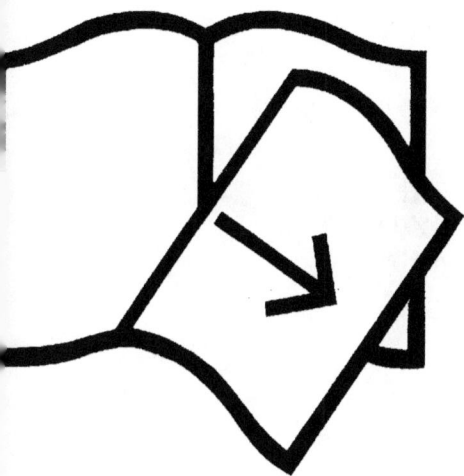

Documents manquants (pages, cahiers...)

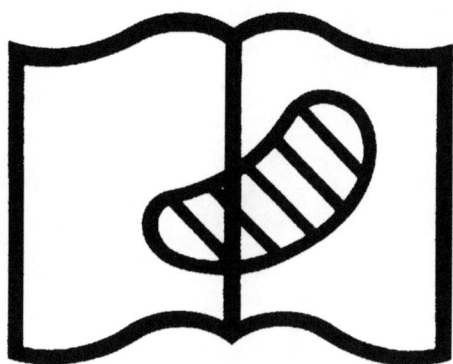

Original illisible

www.ingramcontent.com/pod-product-compliance
Lightning Source LLC
Chambersburg PA
CBHW072117090426
42739CB00012B/2999